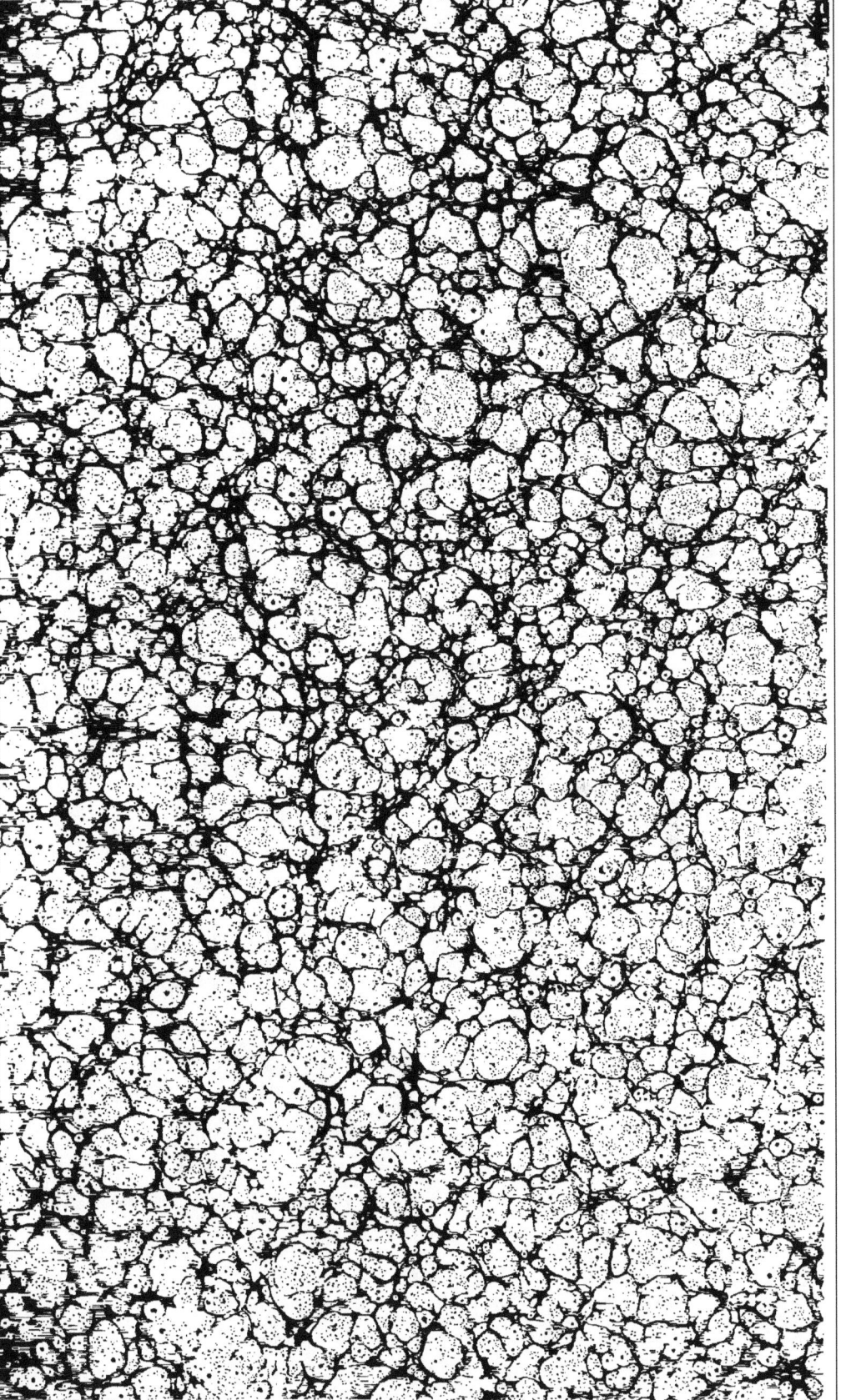

8-Ln27
30628

SAINT QUENTIN

SA VIE, SON CULTE

RESTAURATION

DE SON PÈLERINAGE

Tous droits de l'auteur réservés.

SAINT QUENTIN

SA VIE, SON CULTE

RESTAURATION

DE SON PÈLERINAGE

PAR

M. L'ABBÉ MATHIEU

Curé-Archiprêtre de Saint-Quentin, Vicaire général de Soissons

SAINT-QUENTIN

TYPOGRAPHIE ET LITHOGRAPHIE DE JULES MOUREAU

7, PLACE DE L'HÔTEL-DE-VILLE, 7

1878

A

MONSEIGNEUR ODON THIBAUDIER

ÉVÊQUE DE SOISSONS ET LAON

Monseigneur,

Ces pages ont pour objet de retracer la Vie d'un très-glorieux Athlète du Christ, sous le patronage duquel Votre Grandeur est venue se placer dès les premiers temps de son arrivée dans ce diocèse.

Elles rappellent aussi l'influence de son culte dans les âges passés, la restauration, dans le présent, de son antique et fameux pèlerinage, restauration à laquelle vous avez bien voulu, Monseigneur, prêter annuellement votre puissant et zélé concours.

A ces titres, et à celui d'une bienveillance qui vous a porté à daigner prendre connaissance de ce modeste travail, j'ose me permettre, Monseigneur, d'en déposer à vos pieds l'hommage, et je vous prie d'agréer l'expression du très-respectueux dévouement avec lequel

J'ai l'honneur d'être,
de Votre Grandeur,
le très-humble fils et vicaire général,

A. MATHIEU,
curé-archiprêtre de Saint-Quentin.

Saint-Quentin, le 19 septembre 1878.

LETTRE

DE MONSEIGNEUR L'ÉVÊQUE DE SOISSONS

Soissons, le 21 septembre 1878.

Mon cher Vicaire général,

J'ai suivi avec le plus vif intérêt, au cours de leur impression, les feuilles de votre livre sur la *Vie* et le *Culte* de saint Quentin. Cette lecture, comme vos intelligents efforts pour la restauration et l'ornement de sa splendide Basilique, révèle votre touchante dévotion à l'Apôtre-Martyr, sous le regard et près du tombeau duquel vous avez passé jusqu'ici toute votre vie sacerdotale.

Vous avez fait là une œuvre qu'aucun homme sérieux ne dédaignera, qui intéressera les savants, édifiera les simples, glorifiera Dieu et rendra meilleures, je l'espère, beaucoup d'âmes déjà bonnes.

Je vous en remercie pour nos chers Saint-Quentinois, pour le diocèse et pour l'Église.

Recevez, mon cher Vicaire général, une nouvelle assurance de mes plus affectueux sentiments en Notre-Seigneur,

† ODON,
Évêque de Soissons et Laon.

PRÉFACE

Les documents que nous publions aujourd'hui, sur la vie et sur le culte de saint Quentin, ne devaient pas paraître en volume. Bien que recherchés et recueillis avec soin, ils n'étaient destinés qu'à servir de thème aux instructions que nous adressons, chaque mois, aux nombreux associés de la Confrérie érigée en l'honneur de notre saint Martyr. Des instances très-pressantes, et surtout le vœu d'une haute et paternelle autorité, ont décidé la rédaction et la publication de cet ouvrage. Daigne Dieu faire, par lui, quelque bien, et, en ranimant la dévotion envers l'illustre Patron de notre cité et du Vermandois, porter les âmes à l'imitation de sa foi, de sa force chrétienne, de sa charité !

Ce n'est donc pas un ouvrage de discussion ou de critique historique, mais une *Vie* édifiante, propre à susciter dans les cœurs l'amour divin, que nous offrons à nos pieux lecteurs. Toutefois, nous nous plaisons à nous appuyer sur les autorités les plus sérieuses et les plus recommandables. Nous savons que les temps et les faits sur lesquels nous écrivons sont mêlés de bien des obscurités ; nous remontons, autant que possible, aux sources mêmes, et nous nous aidons des recherches et des études laborieuses des savants, pour donner, de certaines difficultés, une solution qui n'entrave pourtant pas la marche de nos récits.

On sait d'ailleurs que, parmi les martyrs des premiers âges, saint Quentin est un de ceux sur lesquels les documents historiques sont les plus sérieux et les plus abondants.

I. — La bibliothèque nationale possède un manuscrit, désigné sous le numéro 5299, et intitulé : *Vitæ et passiones martyrum*. Ce manuscrit, d'une belle écriture du IXe siècle, est regardé, pour ce qui concerne la vie de saint Quentin, comme une copie authentique de la Passion originale du saint, écrite, dans la seconde moitié du IVe siècle, par un témoin oculaire (1) de la première invention de son corps [358]. Plu-

(1) Paul Colliette l'affirme expressément ; il prétend que l'auteur du manuscrit l'a déclaré lui-même dans son texte. *Mémoires du Vermandois,* II, 45.

sieurs copies de ce manuscrit ont été faites, mais avec certaines variantes. Paul Colliette en a publié deux, dans les notes du chapitre IIe de ses *Mémoires du Vermandois*. Nous avons tenu, pour plus d'exactitude, à nous procurer un texte copié sur le manuscrit de la bibliothèque nationale, et c'est ce texte que nous suivons pour la substance de notre récit (1).

II. — Un autre texte a été publié par Surius, sous le titre d'*Actes de saint Quentin*; on croit généralement qu'il a été rédigé dans le VIe siècle. Tillemont le tenait en grande estime : « Nous avons, dit-il, peu d'Actes de martyrs qui soient mieux écrits que ceux de saint Quentin. » Et il ajoute, relativement à l'antiquité de ce document, une observation qui peut aussi bien s'appliquer au document précédent. « Il y a quelque lieu de croire qu'ils ont été écrits avant la découverte du corps de saint Quentin par saint Eloi, puisqu'ils n'en parlent pas du tout. »

---

(1) Nous le désignons sous le titre d'*Actes* plus anciens, ou simplement, d'*Actes* de saint Quentin.

Disons ici que saint Ouen, dans la *Vie de saint Eloi* (lib. II, cap. VI), confirme le récit de ces Actes, relativement au genre de supplices qu'endura saint Quentin, à son invention par sainte Eusébie et à sa sépulture sur le haut de la montagne.

III. — La basilique de Saint-Quentin possède un manuscrit très-précieux, connu sous le nom d'*Authentique,* ou de *Manuscrit du chanoine Raimbert.* Transcrit vers l'an 1104, il est probable qu'il a été rédigé antérieurement. C'est le texte paraphrasé de la Passion originale du saint, orné de trente gouaches, dont vingt-six représentent les différentes scènes du martyre de saint Quentin. Outre la vie de notre saint Patron, le manuscrit renferme divers documents, souvent consultés par les historiens. Voici comment il se divise :

1° Passion de saint Quentin ;

2° Sermons d'actions de grâces pour la fête du saint ;

3° Invention du corps de saint Quentin, par sainte Eusébie ;

4° Invention du corps de saint Quentin, par saint Eloi ;

5° Sermon sur l'élévation de saint Quentin ;

6° Miracles opérés par la vertu de saint Quentin ;

7° Miracles arrivés dans l'Isle ;

8° Sermon pour l'octave de saint Quentin ;

9° Sermon pour la tumulation de saint Quentin, saint Victorice et saint Cassien ;

10° Collectes pour les offices de l'année.

Les documents 1, 3 et 4 ont été traduits et publiés par notre vénéré prédécesseur, M. l'abbé Gobaille, en 1870.

IV. — Un autre manuscrit existe encore; on le croit du xiv° siècle. Une copie en a été faite sous ce titre : *Mystère de la Passion de Monsieur sainct Quentin, suivi du Mystère de l'Invention du prétieulx corps de Monsieur sainct Quentin et de l'Invention de sainct Quentin, par sainct Eloy*. C'est tout un drame en 24,116 vers relatant le martyre de saint Quentin, l'invention de son corps par sainte Eusébie, et l'invention de son tombeau par saint Eloi.

V. Plusieurs Vies de saint Quentin et plusieurs documents relatifs à notre saint Martyr et à son culte ont été édités depuis le xvii° siècle :

1° *Histoire de saint Quentin, apôtre, martyr, patron du Vermandois,* par Claude de la Fons, 1628.

2° *La Vie du très-illustre martyr saint Quentin, apôtre et patron du Vermandois,* par Claude Bendier, 1673.

3° *Augusta Veromanduorum vindicata et illustrata,* auctore Cl. Hémeré, 1643.

4° *Histoire particulière de l'église et de la ville de Saint-Quentin,* par Quentin de la

Fons; manuscrit de 1645, publié en 1856, par M. Ch. Gomart.

5° *Mémoires pour servir à l'histoire du Vermandois,* par M. Louis-Paul Colliette, 1771.

Et d'autres ouvrages plus récemment édités. On voit que peu de Vies des anciens martyrs sont extraites de documents plus vénérables et plus nombreux.

La date de l'apostolat et du martyre de saint Quentin nous paraît clairement désignée. C'est, nous dit le manuscrit numéro 5299, au temps de la dernière persécution, « sous l'empereur Maximien, Rictius Varus étant préfet de la Gaule Belgique. » Les autres manuscrits et tous les monuments de l'histoire locale, relatifs à notre saint martyr, assignent la même date. Nous croyons savoir que tel est le sentiment des PP. Bollandistes, dont le travail sur la vie de saint Quentin est, sinon édité, du moins préparé.

Disons cependant que quelques auteurs ont indiqué d'autres dates; les uns ont parlé de la seconde moitié du IIIe siècle, les autres, de la fin du Ier siècle ; selon le sentiment qu'ils ont embrassé relativement à l'apostolat de saint Denis, qu'ils veulent avoir été le chef de la mission de la Gaule Belgique, dont saint Quentin faisait partie.

Mais quelles preuves nous donnent-ils que saint Quentin ait été compagnon de saint Denis ?

1° Un texte des Actes de saint Victorice et de saint Fuscien, texte qui n'est qu'une copie inexacte, en plusieurs endroits (la chose a été surabondamment prouvée), du texte original de la Passion des deux saints.

2° Un passage d'une lettre des Pères du concile de Paris au pape Eugène II [825], attestant que « saint Denis vint dans les Gaules, envoyé par le pape saint Clément, successeur de saint Pierre, et qu'il était le premier et le chef de *douze* prédicateurs de l'Évangile. »

Nous ne prétendons pas discuter ici la valeur du texte en question, copie inexacte de la Passion de saint Victorice et de saint Fuscien. M. Ch. Salmon, de la *Société des antiquaires de Picardie*, a prouvé très-clairement, dans une *Étude* (1) spéciale sur ce sujet, que le nom de saint Denis a été ajouté arbitrai-

(1) *Les Apôtres de la Gaule Belgique, au IIIe siècle, sont-ils des compagnons de saint Denis de Paris ?* Étude historique et critique, par Ch. Salmon. Arras, Planque, 1871.

rement par un copiste malavisé, et que, au moyen de plusieurs autres textes du même temps, insérés dans les bréviaires de Paris et d'Amiens, on peut faire bonne justice du texte interpolé.

Nous nous demanderons seulement ce que peuvent conclure, de ce texte précité, les partisans des deux opinions; soit ceux qui assignent, à la mission de saint Denis, la seconde moitié du IIIe siècle, soit ceux qui assignent la fin du premier siècle, puisque saint Victorice et saint Fuscien, d'après ce même texte, ont souffert sous Dioclétien, dans la dixième persécution, c'est-à-dire au commencement du IVe siècle. Ils en sont réduits, ou à discuter sur la date du règne de Dioclétien et de Maximien, qu'ils anticipent de quinze ou vingt années, ou à dire que les noms de Dioclétien et de Maximien, bien qu'existant aussi dans les Actes des compagnons de saint Victorice et de saint Fuscien, doivent être remplacés par les noms d'autres empereurs.

Quant au texte des Pères du concile de Paris, nous le jugeons très-authentique et très-vénérable. C'est un témoignage assurément fort grave en faveur du sentiment, généralement reçu, que « saint Denis de Paris fut envoyé dans les Gaules au premier siècle

par le souverain-pontife saint Clément. »
Aussi, ceux qui reportent la mission de l'apôtre
de Lutèce au IIIe siècle sont condamnés expressément par ce texte qui précise, d'une
manière si exacte, quelle était la tradition des
Églises des Gaules sur ce point, au commencement du IXe siècle.

Mais, de ce que les Pères du concile de
Paris ajoutent que « saint Denis vint avec
douze compagnons, » n'infère-t-on pas très-gratuitement que ces douze étaient les
hommes apostoliques, désignés ordinairement sous le titre de *Mission de saint Quentin?*

Rien ne l'indique dans le texte; comment peut-on conclure si facilement en
faveur de ces noms, que des autorités vénérables et une tradition constante nous font
reporter au commencement du IVe siècle? Et,
pour en arriver à cette conclusion, comment
peut-on rejeter, d'autre part, des personnages bien connus pour avoir été mêlés à
l'apostolat et aux souffrances du premier
évêque de Paris? Que fait-on, par exemple,
des saints Rustique et Éleuthère, ces compagnons traditionnels des prédications et du
supplice de saint Denis? Que fait-on de ces
évêques, que le Martyrologe romain et les
antiques souvenirs de leurs Églises indiquent
comme ayant été tous envoyés au premier

siècle, dans les Gaules, par le pape saint Clément? Ne les connaît-on pas? Ne s'appellent-ils pas Rieul, Lucien (1), Sanctin, Firmin, Chéron, Julien, Nigaise, Taurin, Exupère, Latuin? Ne sont-ce pas là les compagnons véritables de saint Denis, que désignent toutes les traditions et tous les monuments liturgiques des Églises auxquelles ils ont appartenu, Églises pourtant si diverses et si éloignées les unes des autres?

On nous répond : Les évêques étant établis partout, dans les Gaules, à la fin du III⁰ siècle, et la hiérarchie ecclésiastique pourvoyant à toutes les nécessités religieuses des populations, qu'était-il besoin d'une nouvelle phalange de missionnaires, venant de Rome, et les Actes de saint Quentin et de ses compagnons ne se sont-ils pas trompés, en assignant, pour leur martyre, le commencement du IV⁰ siècle, au lieu du premier siècle?

Nous admettons très-volontiers, contrairement à une opinion trop longtemps en vogue, que la religion avait fait de grands progrès dans les Gaules, surtout dans certaines parties, à la fin du III⁰ siècle, et même auparavant, et nous tenons pour vraiment

---

(1) Saint Lucien, premier évêque de Beauvais, distinct de saint Lucien, ou plutôt (selon les Bollandistes), de saint *Lucius*, compagnon de saint Quentin.

sérieux les arguments qui établissent, qu'à cette époque, existaient chez nous de nombreux sièges épiscopaux. Mais quelle incompatibilité voudrait-on voir, entre cette situation et l'envoi, par les Pontifes romains, de missionnaires, qui d'ailleurs, d'après leurs Actes et leurs légendes, n'ont fondé, en aucun lieu, de chrétienté nouvelle ? Rome se serait-elle désintéressée de l'extension plus ou moins rapide de la foi dans notre beau pays des Gaules, sous le feu de la persécution et au milieu des invasions et des guerres de ces temps si malheureux ?

Et puis, n'y avait-il pas encore de nombreux partisans du paganisme, surtout dans nos contrées septentrionales ? Qu'étaient la plupart des campagnes, sinon des foyers d'erreurs, de superstitions et de corruption ? Le savant bénédictin, dom Chamard, le reconnaît pour toute l'étendue des Gaules, quand il dit « qu'une grande partie des paysans des provinces, avant saint Martin [360], avait résisté à l'influence du christianisme, et que le grand évêque de Tours, par lui-même et par ses disciples, tous moines comme lui, a opéré une révolution immense en faveur de la religion chrétienne, parmi les habitants des campagnes de la Gaule (1). »

(1) *L'Établissement du christianisme et les origines des Églises de*

La mission de saint Quentin et de ses compagnons avait donc sa raison d'être au commencement du IVe siècle; et, quelque flatteur qu'il puisse être pour nous de reporter les œuvres et le supplice de notre Martyr aux confins des temps apostoliques, nous ne le pouvons pas faire, vu les raisons que nous venons d'exposer, et les autorités très-graves et très-vénérables, qui nous inclinent à nous prononcer pour les temps de Maximien et de Dioclétien.

Afin de réunir, dans un même volume, les nombreux documents que nous avons recueillis sur la vie et sur le culte de saint Quentin, nous divisons notre travail en trois parties :

1° La vie de saint Quentin.

2° L'histoire de son culte, jusqu'à ces dernières années.

3° La restauration de son pèlerinage.

Nous donnons, dans un chapitre préliminaire, quelques développements sur l'éta-

---

France, IIe partie. *Revue des questions historiques*, octobre 1873. Paris, Palmé.

Les articles de dom Chamard ayant paru récemment en volume, nous les citerons désormais sous le nouveau titre que leur a donné l'auteur : *Les Églises du monde romain, notamment celles des Gaules, pendant les trois premiers siècles*. Paris, Palmé, 1878.

blissement et les progrès du christianisme dans les Gaules, pendant les trois premiers siècles.

Pour ce qui est de nos récits, désirant procurer l'édification de nos lecteurs, en même temps que leur instruction, nous avons cru pouvoir les entremêler de certaines considérations et de certains développements que le lecteur jugera sans doute s'élever au-dessus de ce qu'on appelle vulgairement des hors-d'œuvre ou des digressions. Si une critique trop sévère était tentée de ne les réputer que comme tels, nous lui demandons de vouloir bien les excuser, vu notre but.

Nous louons hautement notre éditeur d'avoir voulu faire, de cette publication, une édition vraiment remarquable, qu'illustreront encore, une magnifique chromolithographie et des gravures, se rapportant à la vie et au culte de saint Quentin (1).

---

(1) La chromolithographie a été exécutée par la maison Leroy, de Paris, d'après un dessin copié sur la broderie d'un ornement fourni par MM. Biais et Rondelet.

La gravure, représentant l'édicule et le maître-autel de la Basilique, a été dessinée par M. Triouillier, entrepreneur de l'un et de l'autre.

Le plan de la Basilique nous a été communiqué par M. Bénard.

Le cliché de l'ancienne *Augusta* a été mis à notre disposition par M. Ch. Gomart.

Et maintenant qu'elle paraisse, cette *Vie* de notre Martyr, si propre par elle-même à ranimer la foi et la piété dans les âmes! Qu'elle développe ses touchants et instructifs récits, pour la direction et le soutien de notre conduite chrétienne! Au milieu des négations que l'impiété ignorante et que la libre-pensée orgueilleuse amassent de nos jours contre la vérité catholique, qu'une voix, s'élevant de chacun des actes et de chacune des tortures de l'héroïque Confesseur de Dieu, crie bien haut, et nous fasse crier avec elle : *Credo*, je crois. Au milieu des timidités pusillanimes et des lâchetés inconséquentes, qu'une fausse prudence et une crainte servile enfantent et multiplient, quand il s'agit de manifester notre pratique chrétienne, que la même voix s'élève encore et qu'elle ajoute, au nom de la force invincible que montrait notre illustre Martyr : *Confiteor*, je confesse ; je montre dans mes œuvres ce que proclame ma foi. O hommes, créatures de Dieu, régénérés par lui, et, si vous le voulez, forts de sa grâce et de son amour, servez Dieu, luttez; la victoire est le prix de la lutte; elle n'est pas du côté de la crainte et de la désertion.

Nous surtout, qui foulons de nos pieds la terre que saint Quentin a foulée, qui nous estimons fiers de porter son nom, qui sommes nés, pour ainsi dire, de ses plaies et de son sang répandu, soyons dignes de lui par notre foi et notre courage chrétien. Que les exemples de sa vie nous animent, et que les récits relatifs à son culte, en nous rappelant ce que nos pères ont fait pour l'honorer et attirer sur eux sa constante protection, nous excitent à l'honorer aussi, et à multiplier nos hommages, afin que se multiplient en retour les témoignages de son intercession puissante!

CHAPITRE PRÉLIMINAIRE

SAINT QUENTIN

MARTYR

Apôtre et Patron du Vermandois.

CHAPITRE PRÉLIMINAIRE

ÉTABLISSEMENT DU CHRISTIANISME DANS LES GAULES.
LES PREMIÈRES ÉGLISES.

Donner, sur l'établissement du christianisme dans les Gaules, des renseignements nouveaux, et ajouter une lumière plus vive à celle qui a jailli, surtout dans ces derniers temps, des nombreuses discussions engagées, telle n'est pas notre ambition. Nous voulons seulement, dans ce chapitre préliminaire, indiquer à nos pieux lecteurs quel était l'état religieux de la Gaule pendant les trois premiers siècles, et, pour cela, puisant aux sources les plus pures, nous faisons connaître le fruit de nos recherches.

Deux écoles sont en présence sur cette grave question :

L'une, dite *légendaire,* la seule qui soit vraiment scientifique : son sentiment, appuyé sur une possession immémoriale, a été adopté sans contestation jusqu'au xviie siècle, et, malgré des oppositions attardées et peu sérieuses, ce sentiment a toujours été jugé le plus plausible et adopté par les vrais savants. Selon les partisans de cette école, la foi de Jésus-Christ aurait été prêchée dans les Gaules dès le premier siècle de l'ère chrétienne, et des Églises nombreuses y auraient été hiérarchiquement constituées. Telle est l'opinion à laquelle nous adhérons pleinement, et à laquelle nous pensons que doit adhérer toute personne qui cherche la vérité droitement et sans parti pris.

L'autre, dite *critique,* et, bien qu'elle n'existe que depuis deux cents ans, s'intitulant école ancienne et seule historique. Toute la base de cette école est l'esprit de système. Condamnant et rejetant dédaigneusement ce qu'elle appelle légendes populaires et produits d'une pieuse crédulité, elle donne faussement à ses négations les allures de l'érudition. Selon certains partisans de cette école, la foi chrétienne ne se serait établie dans les Gaules qu'au iiie et au ive siècle, sauf peut-être dans la Gaule Lyonnaise, où prêcha saint Irénée, dont ils n'ont pu contester ou nier l'apostolat [177]. Selon d'autres adeptes plus récents, le christianisme aurait pénétré dans l'intérieur des Gaules dès le premier siècle ; mais il n'y aurait laissé que de faibles traces, excepté dans la Narbonnaise, qui se trouvait en relations plus étroites avec Rome. Les persécutions auraient bientôt étouffé ces premiers germes; une seconde et une troisième missions, vers la fin du III⁰ siècle, auraient été peu fructueuses. Ce serait seulement vers la fin du IV⁰ siècle que la Gaule aurait été véritablement conquise à Jésus-Christ (1).

Sans vouloir engager une discussion qui n'est pas dans notre pensée et nous entraînerait trop loin, faisons remarquer aux partisans de cette école, et d'abord aux adeptes plus anciens, qu'il est vraiment impossible d'admettre que, dans les temps apostoliques, et surtout dans les temps qui suivirent immédiatement la prédication des apôtres, alors que les chrétiens des autres nations respiraient sous Vespasien, sous Antonin, parfois même sous Trajan, aucun adorateur du Christ n'aurait cherché à pénétrer dans l'intérieur des Gaules, pourtant si voisines et en rapports si directs avec Rome. Quand les progrès du prosélytisme étaient favorisés par les mouvements des armées romaines, à une époque où les chrétiens commençaient à remplir les camps, lorsque les

(1) L'abbé A. CHEVALIER. *Les Origines de l'Église de Tours.* Tours, Ladevèze, 1871.

évêques de Rome envoyaient aux extrémités du monde des missionnaires, et que les légions, mêlées de chrétiens, y amenaient des croyants et des martyrs, comment penser qu'aucune voix apostolique ne serait venue semer, au sein des populations gauloises, la parole féconde du Fils de Dieu ? Et puis, que deviennent, avec ce système, les traditions séculaires de nos Églises, traditions consignées dans les prières de la liturgie, dans les récits de l'histoire, dans les monuments de l'architecture, dans les annales et dans la mémoire reconnaissante des peuples, traditions qu'invoquait Bossuet, alors qu'apparaissaient les critiques du XVIIe siècle, quand il disait « que nous sommes venus des premiers à Jésus-Christ, et que saint Pierre et ses successeurs nous ont envoyé, dès les premiers temps, les évêques qui ont fondé nos Églises (1). » C'est ainsi, en effet, que ce grand génie, « à qui toutes les manières de l'aigle vont si bien, dit Mgr Pie, évêque de Poitiers, ayant entrepris de raconter les origines et les gloires de l'Église gallicane, et trouvant sur son chemin des écrivains fâcheux qui commençaient à balbutier leurs doutes et leurs objections, choque de l'aile leur critique téméraire, et, l'ayant étourdie et réduite au silence, reprend son vol vers des

---

(1) Bossuet. *Discours sur l'unité de l'Église.*

hauteurs, où il n'est donné à personne de le suivre (1). »

Répondant ensuite, avec un savant bénédictin de nos jours, aux adeptes plus récents de cette dernière école, nous nous permettrons de leur adresser ces quelques observations : « 1° Les premiers apôtres n'ont point parcouru le monde d'une manière vagabonde et *nomade* (comme en témoignent des documents très-authentiques et très-nombreux); mais partout ils ont fondé des Églises sur la base solide et durable de la hiérarchie sacrée; » 2° D'après le témoignage sérieusement discuté des Pères et des écrivains ecclésiastiques, « le monde entier reçut le bienfait de la foi de la bouche des apôtres et de leurs premiers disciples, et, jusqu'en l'an 260 (époque fixée par les partisans de l'école critique pour le premier établissement sérieux et durable des Églises des Gaules), la foi *persévéra* à illuminer le monde, et surtout l'empire romain tout entier; » 3° Depuis la fin du premier siècle jusqu'en cette même année 260, l'histoire nous montre, assis sur leurs sièges, dans chacune des parties de l'empire, et dans des contrées moins civilisées que les plus arriérées de nos provinces gauloises, d'innom-

(1) *Discours et instructions pastorales,* tome III. Poitiers, Oudin, 1860.

brables évêques catholiques ; 4° Nos Églises des Gaules présentent ce même aspect et ce même caractère d'apostolicité et de hiérarchie régulièrement constituée ; et, supposé même la nécessité de « dégager certaines traditions particulières des superfétations qu'y ont ajoutées les imaginations trop libres du moyen âge, » cette nécessité n'implique en rien la négation possible de l'apostolicité et de la constitution hiérarchique de nos Églises ; 5° Conséquemment, nous devons juger bien faibles et bien vaines les objections de cette école qui, se décernant avec peu de modestie le titre d'*École historique*, n'a, en réalité, à l'appui de ses opinions, que des négations toutes gratuites ou des autorités sans valeur (1).

De ces observations que nous ne pouvons qu'énoncer, chacun trouvera les preuves dans le savant ouvrage que nous citons. C'est sur des documents originaux, patiemment recherchés et laborieusement compulsés, sur le témoignage d'anciens manuscrits, sur la connaissance des rites antiques et des usages de la liturgie, sur les données de l'architecture et de l'épigraphie, que ces preuves sont appuyées. En même temps, il

---

(1) Dom CHAMARD. *Les Églises du monde romain, notamment celles des Gaules, pendant les trois premiers siècles.* Paris, Palmé, 1878. — Voir aussi dom GUÉRANGER. *Sainte Cécile et la société romaine*, chap. XIV. Paris, Palmé.

sera loisible d'admirer cette sainte nouveauté des choses antiques, ce mouvement harmonieux qui fait arriver à chaque époque le genre de preuves qui lui convient, ou plutôt cette sage disposition de la divine Providence, qui donne ainsi à la vérité les arguments propres et la lumière favorable en temps opportun.

Mais arrivons au détail, et, nous appuyant toujours sur les autorités les plus recommandables, disons quelles ont été les principales Églises établies dans les Gaules, pendant les premiers siècles.

D'après une tradition très-sérieuse (1), dès la treizième année qui suivit la mort de Notre-Seigneur, saint Lazare, le glorieux ressuscité de Jésus, saint Maximin, sainte Marie-Madeleine et sainte Marthe, persécutés et chassés par les Juifs, abordèrent à Marseille et y prêchèrent la foi. Lazare fut le premier évêque de Marseille; et bientôt, mourant pour la foi qu'il était venu lui apporter, « il donna à cette ville son premier saint, son premier martyr et sa première page au *Livre de vie*, où elle écrit encore chaque jour (2). »

Vers les mêmes temps, le chef des apôtres,

---

(1) Dom Chamard, *op. cit.* — L'abbé Faillon, *Monuments inédits sur l'apostolat de sainte Marie-Madeleine.* 2 vol in-4. Paris, Migne, 1848. etc., etc.

(2) Lacordaire. *Sainte Marie-Madeleine.* Paris, Poussielgue, 1860.

saint Pierre, daigna diriger ses regards vers notre Gaule, l'une des provinces les plus importantes de l'empire. Une légion de missionnaires, envoyés par lui, s'avança dans les contrées méridionales. Quelques-uns même pénétrèrent jusque dans la Gaule Belgique, et y répandirent les lumières de la foi. C'est à cette mission que se rapporte la fondation des Églises d'Arles, de Toulouse, de Tours, de Périgueux, de Limoges, de Saintes, de Bourges. A cette mission se rattachent encore les courses apostoliques de saint Front, évêque de Périgueux, jusque dans nos contrées septentrionales, la fondation des sièges épiscopaux d'Orange, du Velay, de Reims, de Soissons, de Châlons, de Trèves. D'autre part, saint Crescent fut envoyé, vers les mêmes temps, par saint Paul, dans les contrées de l'est, et s'établit à Vienne, en Dauphiné.

Puis, à la fin du premier siècle, saint Denis l'Aréopagite et ses compagnons, sur l'ordre du souverain-pontife saint Clément, arrivèrent à Lutèce et se répandirent dans les environs. Saint Denis fonda le siège de Lutèce ou Paris; saint Sanctin fonda celui de Meaux, saint Rieul celui de Senlis, saint Lucien celui de Beauvais, saint Firmin celui d'Amiens, etc. Tous, sauf saint Rieul, versèrent leur sang pour la foi, au milieu des chrétientés qu'ils avaient établies.

Tels sont, d'après les autorités les plus sérieuses, les progrès de la foi catholique dans les Gaules, dès le premier siècle.

Voici venir le IIe siècle, avec de nouvelles effusions de la lumière évangélique et une plus grande abondance de vie religieuse. Ce n'est pas seulement de Rome, où pourtant il sera bientôt concentré et régularisé, que part le mouvement apostolique. On l'a vu, il vient de l'Orient aussi bien que de l'Occident. C'est l'Asie qui continue à nous envoyer ses missionnaires, dont les évêques de Rome se bornent à sanctionner la mission.

Saint Pothin arrive des villes de l'Asie-Mineure, conduisant une colonie chrétienne; saint Irénée bientôt le suit. Tous deux ont été formés à l'école de saint Polycarpe, évêque de Smyrne et disciple de saint Jean l'Évangéliste. Sur les rivages du Rhône, où saint Crescent a prêché autrefois, la bonne nouvelle de l'Évangile court et se propage. Les prières, les travaux de ces hommes apostoliques multiplient les membres fidèles de l'Église de Jésus-Christ. La Gaule chrétienne prend, dès lors, sa place dans les annales de l'histoire (1). Elle y paraît avec sa doctrine, avec sa discipline tout organisée. Elle montre ses évêques et ses pasteurs luttant contre l'hérésie et arrêtant les progrès naissants de l'er-

---

(1) Eusèbe. *Hist. ecclés.*, liv. V. — Grégoire de Tours. *Hist. ecclés.*, liv. I.

reur des montanistes. Ce n'est plus une société qui commence, c'est une Église dont les traditions font autorité. Les chrétiens de Vienne et de Lyon communiquent avec les fidèles d'Asie et leur exposent leur sentiment par rapport aux prétendues prophéties des hérétiques d'Orient. Ils leur racontent aussi les victoires qu'ils ont remportées sur l'idolâtrie, le courage héroïque qu'ont montré, au milieu des tortures, ceux d'entre eux qui ont été jugés dignes de l'honneur du martyre. Car la persécution s'est élevée, implacable et terrible, contre les deux Églises [177]. Le vieillard saint Pothin, le diacre Sanctus, le noble Épagathus, l'esclave Blandine, et d'autres encore ont péri au milieu des plus affreux supplices, manifestant hautement la force qu'ils tenaient de Jésus-Christ. Dans une lettre généralement attribuée à saint Irénée, et que les fidèles de Lyon et de Vienne adressent « à leurs frères d'Asie et de Phrygie, lesquels ont la même foi et la même espérance, » la force des martyrs, leur charité, leur constance invincible, sont retracées avec une grandeur et une simplicité qui commandent l'admiration et le respect. Cette lettre est une des pages les plus admirables, et un des monuments les plus authentiques de la foi chrétienne des Gaules, au iie siècle.

Absent de Lyon, au moment de la persécution,

chargé alors par ses frères d'une mission auprès du souverain-pontife Éleuthère, saint Irénée a échappé à la mort, Dieu le voulant donner pour successeur au vénérable martyr saint Pothin. Durant vingt-cinq années qu'il occupe le siège épiscopal de Lyon, il réunit en sa personne la gloire de l'apôtre et celle du docteur. Bientôt il a comblé les vides nombreux laissés par la persécution au sein de son troupeau, et il a multiplié les travaux de son zèle dans la cité et dans les contrées voisines. Par lui, ou par les prêtres attachés à son Église, les lumières de la foi se sont répandues dans tout l'est des Gaules. Saint Ferréol et saint Ferrution ont évangélisé Besançon et les pays d'alentour; le prêtre Félix, les diacres Fortunat et Achillée se sont rendus à Valence et y ont fondé des chrétientés. D'autre part, saint Irénée a défendu la vérité catholique contre les hérésies naissantes des montanistes et des gnostiques ; il s'est porté, dans la grande querelle de la célébration de la Pâque, comme médiateur des évêques à l'égard de la papauté ; il a convoqué des synodes, réuni des conciles. Les saints docteurs et les écrivains sacrés le nomment « la lumière des Gaules, la gloire de l'Occident. »

Mais il est dans les destinées de l'Église de rencontrer toujours devant elle des luttes nouvelles, et d'être combattue sans cesse et pied à pied, dans sa marche patiente et laborieuse au sein de l'humanité. La persécution a éclaté de nouveau, soudaine et plus violente, sous l'empereur Septime-Sévère [202]; elle sévit surtout dans les Gaules. L'empereur, irrité des progrès qu'a faits le christianisme dans la cité lyonnaise, a donné ordre à ses soldats d'entourer la ville et d'égorger sans merci tous ceux qui se diront chrétiens. Le sang des martyrs coule par ruisseaux dans les rues et sur les places publiques. On évalue à dix-neuf mille le nombre de ceux qui périrent ainsi, en confessant la foi de Jésus-Christ. Saint Irénée, fidèle et intrépide pasteur, a fortifié la constance des siens jusqu'à ce qu'il ait été enveloppé dans le massacre général. On dit que le tyran, se réjouissant d'avoir pu enfin saisir le pasteur du troupeau, le plaça entre une croix et une idole, et lui donna le choix, ou de vivre apostat ou de mourir chrétien. Saint Irénée choisit la croix : ainsi eut-il la consolation de mourir du même supplice que son Maître.

Cependant, malgré les persécutions, le christianisme s'étendait, plus fort et plus vigoureux, arrosé qu'il était par le sang des martyrs. Dans cette première moitié du IIIe siècle, l'histoire nous montre de nouveaux apôtres venant, ou apporter la foi, ou développer ses conquêtes au sein de notre Gaule. Les uns sont envoyés par les pontifes romains saint Fabien et saint Étienne Ier, et ils fondent parmi nous de nouvelles chrétientés. Tels sont, entre autres, saint Pérégrin d'Auxerre, saint Genulfe de Cahors. Les autres viennent des Églises voisines et apportent leur concours aux pasteurs des Églises déjà fondées. Ce sont saint Antide de Besançon, saint Privat de Mende, etc. Partout, au témoignage des auteurs ecclésiastiques, le nombre des chrétiens s'est accru et les sièges épiscopaux se sont multipliés.

Longtemps peut-être la foi chrétienne n'avait fait, au sein des Gaules, que des progrès assez lents. L'attachement profond des populations gauloises au culte des druides, leur penchant trop facile à des superstitions grossières, la dépravation, la licence des mœurs que leur avaient inoculée leurs vainqueurs, tout semblait être pour eux un obstacle à la propagation du règne de Jésus-Christ. Cependant, comme le fait remarquer très-justement un savant évêque (1), malgré ces difficultés si sérieuses, la doctrine catholique devait les séduire par plus d'un côté et trouver une sympathie instinctive dans le caractère même de la race gauloise. « Cette race, gé-

(1) Mgr FREPPEL. *Saint Irénée*. Paris, A. Bray, 1861.

néreuse et dévouée, pleine de mépris pour la mort, mépris que, par une vaine jactance, elle poussait jusqu'à l'excès, cette race devait mieux comprendre la doctrine du sacrifice qui est l'âme de la religion du Christ, » et, l'ayant embrassée avec ardeur, elle devait la manifester plus hautement et plus généreusement, par le nombre de ses fidèles et l'héroïsme de ses martyrs.

C'est ce que mettent en lumière les récits des auteurs ecclésiastiques qui ont écrit sur cette époque de notre histoire. C'est ce que nous feront constater encore les récits qui vont suivre, récits que nous consacrons à la mission de saint Quentin, apôtre de nos contrées, martyr glorieux, patron de la cité et du Vermandois.

LIVRE PREMIER

SAINT QUENTIN

SA VIE

LIVRE PREMIER

SAINT QUENTIN, SA VIE

CHAPITRE PREMIER

SAINT QUENTIN. — NOBLESSE DE SON ORIGINE.
FOI CHRÉTIENNE DE SES PARENTS.

Lorsque la divine Providence, pleine de sollicitude pour le salut d'une nation, d'un pays, veut pourvoir plus puissamment à cette grande œuvre, qui est l'œuvre du temps, mais qui a son retentissement si sérieux dans l'éternité, elle prépare, dans sa bonté miséricordieuse, un lieu, et elle prédestine un homme. Le lieu sera le centre de ses libéralités, l'endroit béni où se multiplieront les effusions de sa grâce. L'homme sera son représentant, son ambassadeur : il fera l'œuvre à lui confiée. Il donnera ses labeurs; il sacrifiera ses biens, ses espérances terrestres, sa vie, s'il le faut, estimant qu'il paye encore trop peu l'honneur du choix qui le distingue, et le bonheur, en sauvant son âme, de gagner des âmes à Jésus-Christ.

Le lieu choisi par la Providence, au commencement du IVe siècle, pour une effusion plus abondante de ses faveurs, ce fut cette partie de la Gaule, appelée Belgique Seconde, où depuis deux siècles la foi catholique était implantée, et où bientôt devait s'établir et se fortifier le berceau de cette monarchie française qui serait, par les âges, le bras armé du Christ et le héraut de la civilisation. Saluons avec amour les peuples que Dieu distingue ainsi, et bénissons le Maître souverain de toutes choses de nous avoir distingués, nous, peuple français, et de nous avoir préparés pour accomplir, au milieu des autres peuples, les œuvres de sa bonté paternelle et miséricordieuse.

L'homme, ce fut saint Quentin, auquel ont été adjoints quelques compagnons. Dieu daigne aussi le préparer. Sa providence lui dispose une genèse, une origine de son choix, proportionnée à ses services futurs et à la mission qu'il doit accomplir en ce monde:

Tout homme a sa genèse ici-bas, dont la connaissance peut faire augurer parfois de ce qu'il sera, et même bien faire connaître ce qu'il est. Il y a la genèse naturelle, la famille, les parents, la goutte de sang reçue des aïeux. Nous sommes jaloux de rechercher cette origine plus ou moins antique, et de démêler, dans des générations antérieures, quel est le sang et quels sont les ancêtres des hommes que nous aimons. Il y a la genèse intellectuelle et morale, les maîtres, les instituteurs. A la sève de la foi, aux qualités reçues de Dieu, se joint l'éducation. Toute intelligence créée et tout cœur humain, en s'épanouissant à leur vie propre, reçoivent l'éducation. Ceux qui développent en nous la connaissance de la vérité, et qui impriment une direction à notre conduite, nous sont comme une genèse, une origine nouvelle; ils sont nos ancêtres au point de vue moral et spirituel.

De la genèse naturelle de saint Quentin, nous ne pouvons dire absolument que ce qui est consigné dans les Actes de son martyre, savoir : qu'il naquit à Rome, et que son père était sénateur.

Il naquit à Rome, — vers la fin du IIIe siècle; à Rome, le centre de la catholicité, la ville des papes, mais aussi des apôtres et des martyrs. La Providence, qui le destinait à la mission des Gaules, voulait que sa foi, dès sa première enfance, se nourrît aux sources les plus pures et les plus vives. Elle voulait aussi que, par sa mission, reçue plus tard d'un pontife romain, il servît, lui aussi, à manifester la constante sollicitude du Saint-Siège apostolique pour cette terre des Gaules, qui devait être, comme dit saint Grégoire de Tours (1), « une des plus belles et des plus précieuses portions de l'héritage spirituel de la papauté. »

Son père était sénateur; il s'appelait Zénon. Peut-être, comme tous les grands personnages de Rome, avait-il un ou plusieurs autres noms que le saint Martyr ne nous a pas fait connaître. Au moins nous savons que sa famille avait rang parmi les nobles familles romaines. Dieu voulait que, plus tard, embrassant l'apostolat pour venir évangéliser nos contrées, saint Quentin manifestât un plus haut et un plus complet détachement. Car la pauvreté volontaire est plus frappante et plus méritoire quand, pour l'embrasser, on laisse derrière soi une fortune et un rang tout acquis.

Le nom de la mère de saint Quentin nous est inconnu. Qui ne regretterait de voir rester dans l'oubli le nom de celle qui lui donna les premiers soins; qui, de bonne heure et sous l'influence de la grâce, lui inspira l'amour de Dieu et l'amour des âmes, ce double amour qui fait les apôtres de Jésus-Christ. Les mères ont une intuition admirable pour découvrir, dans une âme d'enfant,

(1) *Hist. Franc.*, lib. I.

tout ce que Dieu y a déposé. Leur regard plonge, par sa tendresse, jusqu'au fond de ces cœurs qui s'ouvrent à elles sympathiquement et sans efforts. Elles sont heureuses, si la foi chrétienne les anime fortement, de développer, en même temps qu'elles les reconnaissent, les nobles et saintes dispositions, les élans spontanés, les généreux dévouements. C'est sur les genoux d'une mère que commence l'éducation de l'homme et que naissent le plus souvent les vocations qui enchaînent à Dieu.

Quand nous nous plaisons à voir ainsi rayonner, sur le berceau et sur l'enfance de notre saint Martyr, l'inquiète et attentive sollicitude d'une mère chrétienne, nous ne pensons pas exprimer une conjecture dénuée de tout fondement historique. Car, une chose est pour nous évidente, d'après le témoignage de saint Quentin, dans un de ses interrogatoires, c'est que ses parents étaient chrétiens : « Jamais, dit-il à son juge, vous ne me ferez abandonner la foi en Notre-Seigneur Jésus-Christ, que je possède depuis mon enfance (1). » Comment se fait-il pourtant que la plupart de ses biographes, surtout dans des siècles plus récents, se soient prononcés pour l'opinion contraire, et même que, gênés par

---

(1) Voir le chapitre vi.

le texte que nous venons de citer, ils l'aient impitoyablement retranché des nombreux récits qu'ils ont publiés? — La dignité de Zénon, disent-ils, était un empêchement sérieux à la profession de la foi chrétienne; car cette dignité attirait nécessairement sur lui les regards et l'attention des empereurs; et puis, comme obligation ressortant de cette dignité, il lui fallait participer aux sacrifices païens, et offrir de l'encens et du vin aux idoles, chaque fois qu'il y avait séance du sénat.

Mais, pour quiconque a étudié quelque peu l'histoire des premiers siècles de l'Église, il est hors de doute qu'à l'époque dont nous parlons, c'est-à-dire dans la seconde moitié du IIIe siècle, le christianisme avait gagné depuis longtemps les classes supérieures de la société, et qu'il y avait des chrétiens jusque dans le palais et parmi les familiers de l'empereur. Tertullien nous dit expressément qu'il y en avait au sénat : « Nous sommes partout, écrit-il dans le livre magnifique de l'Apologétique (1), nous remplissons les cités, les îles, les forteresses, les assemblées, les camps, les palais, le forum, le sénat.— L'empereur sait très-bien, dit-il ailleurs dans son traité à Scapula (2), que, parmi les sectateurs

(1) *Apolog.*, XXXVII.
(2) *Ad Scapulam*, IV.

de notre religion, il en est qui appartiennent aux familles les plus illustres, non-seulement parmi les femmes, mais parmi les hommes. » Qu'étaient d'ailleurs les chefs, même les plus élevés, de la légion Fulminante, au iie siècle, et de la légion Thébaine, au commencement du ive siècle, sinon des chrétiens? « On n'a pas assez pesé jusqu'ici, dit dom Guéranger, ce fait capital de l'histoire du christianisme au iie siècle, l'acceptation par l'État d'une classe de soldats dans l'armée, en-dehors des autres légions pour lesquelles les pratiques idolâtriques étaient de rigueur. Il est évident que la légion Fulminante devait marcher sous des étendards un peu différents de ceux que l'on portait en tête des autres légions (1). »

Dès le début du iiie siècle, la société chrétienne nous apparaît comme tolérée par la puissance impériale, jouissant d'une « existence quasi-légale et d'un droit de propriété qu'elle possédait à divers titres (2). » Ses membres sont mêlés à la vie publique; plus fidèles à leurs devoirs que les autres citoyens, ils ne sont absents d'aucun service, ni contempteurs d'aucune fidélité. Sauf les temps de la persécution, dont les décrets n'étaient pas toujours appliqués, et qui

---

(1) *Sainte Cécile et la société romaine*, chap. xi.
(2) Dom CHAMARD. *Les Églises du monde romain*.

ne sévissait que par intervalles, suscitée par un événement, une circonstance ou un caprice du maître, les chrétiens jouissaient d'une liberté relative, au point de vue religieux, et les empereurs n'inquiétaient pas ceux qui, possédant une charge publique, ne prenaient aucune part aux sacrifices de l'idolâtrie.

N'est-ce pas un empereur romain de ce temps, Septime-Sévère, qui honorait Jésus-Christ comme un de ses dieux, et, à ce titre, lui avait donné place dans son Panthéon domestique ? Il voulait même, si les pontifes du paganisme ne l'en eussent fortement détourné, faire bâtir à Notre-Seigneur un temple public. Au moins toléra-t-il que les chrétiens, en-dehors des lieux de réunions qu'ils possédaient dans les maisons particulières, se bâtissent des églises reconnues comme telles, et ces églises devinrent peu à peu très-nombreuses. Il est vrai qu'au moment de la persécution, elles étaient incendiées ou détruites par les païens ; mais toujours elles furent rebâties quand la persécution avait cessé. Et n'est-ce pas encore un César romain, Constance-Chlore, associé par Maximien à l'Empire, qui, peu après [292], se montra si favorable aux chrétiens, qu'il les attachait à sa personne, ou leur donnait, dans les provinces, les charges les plus importantes ? Un jour, voulant éprouver la fidélité de ceux qui le servaient dans son palais, il les réunit en sa présence et leur déclara qu'il fallait ou sacrifier aux idoles, ou renoncer à leur dignité. Quelques-uns se montrèrent disposés à sacrifier aux idoles; mais la plupart protestèrent de leur foi chrétienne et déclarèrent qu'ils aimaient mieux perdre tout que de renier leurs croyances. Alors Constance-Chlore chassa les premiers; puis, il félicita les autres et leur donna toute sa confiance, disant que ceux-là devaient être fidèles à l'empereur, qui se montraient fidèles et dévoués à leur Dieu.

De ces quelques détails historiques, qui nous permettent de mieux juger dans l'ensemble la question qui nous occupe, il résulte clairement que la dignité de sénateur n'impliquait pas pour Zénon la nécessité d'appartenir au paganisme. Les objections apportées restent donc sans fondement, et nous pouvons tenir comme avéré que le père et la mère de saint Quentin étaient chrétiens.

CHAPITRE DEUXIÈME

ADOLESCENCE DE SAINT QUENTIN. — L'ÉDUCATION
CHRÉTIENNE AU IIIe SIÈCLE.

Le chêne et ses branches touffues, le cèdre et ses vastes ombrages sont dans la graine que foule le pied, ou qu'emporte le vent. Mais cette graine, pour accomplir les mystères de sa vie et préparer ses magnificences, a besoin de trouver, dans une bonne terre, la culture qui lui est propre et toutes les conditions nécessaires à son développement. Ainsi en est-il dans l'éducation.

La graine qui doit germer et croître, dans la vie intellectuelle et morale de l'enfant, c'est le vrai pour son esprit et le bien pour son cœur. Mais cette graine a besoin, non-seulement d'une bonne terre, d'un milieu favorable où elle soit placée; il faut encore que, par suite d'une culture convenable, elle germe et se développe. Le vrai, par une série d'enseignements successifs, doit tomber, de l'intelligence du maître, dans l'intelligence de l'enfant, et y produire ces lumières abondantes qui plus tard éclaireront et guideront toute sa vie. Le bien, par des conseils donnés, par toute une direction imprimée, doit s'étendre peu à peu et grandir dans son cœur, et préparer l'enfant aux luttes et aux travaux du temps, aux récompenses de l'éternité. C'est ainsi que le maître engendre véritablement dans son disciple une vie nouvelle, exerçant à son égard, selon la belle expression de saint Paul (1), l'action d'une véritable et auguste paternité. Et c'est en ce sens que nous disions, dans le chapitre précédent, qu'en-dehors de la genèse naturelle, de la descendance des aïeux selon la chair, il y a une genèse intellectuelle et morale, celle qui s'applique à éclairer l'esprit et à diriger le cœur.

Les parents, sous ce rapport, sont les premiers instituteurs de l'enfant. C'est à eux, dit un grand docteur (2), que le Seigneur a départi, pour ce double ministère, des lèvres habiles à instruire, semblables à des livres éloquents. A eux appartient toute l'éducation, mais spécialement celle qui conduit l'enfant de la naissance à l'âge de l'adolescent. Le ministère de la première parole, les premiers conseils à donner, la première vigilance ou les premières répressions à exercer; voilà bien assurément leur droit, et nous dirions volon-

(1) Galat., IV, 19.
(2) S. CHRYSOSTOME. *Adversùs vituperationem vitæ monasticæ.*

tiers leur devoir exclusif. Ne sont-ils pas père et mère pour cela, et n'ont-ils pas reçu de la Providence d'admirables ressources pour élever peu à peu les intelligences et former les cœurs qui leur sont confiés?

Combien les parents de saint Quentin s'appliquèrent avec zèle à cette double fonction, un des biographes de l'illustre Martyr nous le fait entrevoir, quand il dit que, « grand par sa naissance, le jeune Saint devint plus grand encore par la fermeté de sa foi et l'ardeur de son amour pour Dieu. »

Initié, dès son jeune âge, à toutes les connaissances propres à sa condition et « instruit comme le sont les enfants des grands, » nous le voyons initié surtout à la connaissance des vérités religieuses et formé à la pratique des plus pures et des plus fortes vertus. Le foyer paternel lui offre sous ce rapport les leçons et les exemples les plus salutaires. Qui dira ce qu'était, au IIIe siècle, l'éducation donnée par des parents qui vivaient sous le coup de la persécution et du martyre? Quelle noblesse de vues et de pensées, quel esprit de foi, inspiraient tous les enseignements! Quelle sainte et douce gravité, quelle touchante piété, présidaient à toutes les relations et aux conversations des enfants avec leurs parents! Tandis que les enfants des païens, pendant leur éducation première, étaient confiés, au témoignage de Plutarque (1), à des esclaves, et quels esclaves ? souvent les plus ineptes et les plus dépravés ; voyez-vous ce père chrétien instruisant lui-même son enfant des grandeurs et de la majesté du Dieu unique, de l'excellence et des mérites du sang de Jésus-Christ, des prérogatives nécessaires de l'Église, de l'union de ses membres, de l'immortalité de l'âme, des fins dernières de l'homme ? Voyez-vous cette mère chrétienne lui enseignant, dans des leçons dont elle a seule le secret, les vertus qu'elle lui montre d'ailleurs dans ses touchants et continuels exemples : l'humilité, la patience, la pureté, la douceur, le pardon des injures, la charité. Peut-être le sang des martyrs coule dans ses veines (nous pouvons tout au moins le supposer), la voyez-vous rappelant à son jeune enfant le courage de ses ancêtres, et lui disant, comme les Félicité, comme les Symphorose, comme la mère des Macchabées, que son plus grand bonheur serait de savoir qu'il est appelé à donner un jour sa vie pour l'amour de son Dieu ? Admirable éducation, que pouvait seul réaliser le christianisme, et qui, prenant peu à peu la place de l'incurie et des délaissements des païens, restituait à l'enfant, au foyer de la famille, dans la personne

---

(1) *De liberis educandis.*

de son père et de sa mère, les premiers et les plus dignes des instituteurs !

Aux leçons et à la direction des parents succédait bientôt, ou s'exerçait simultanément, l'action des maîtres ; et nous savons qu'il y avait alors, en Italie et dans les contrées occidentales, des écoles chrétiennes, régulièrement établies, où des maîtres de grammaire, d'éloquence et de philosophie enseignaient à leurs jeunes élèves les sciences profanes et les lettres sacrées. Ces écoles étaient plus nombreuses encore dans les contrées d'Orient ; qu'il nous suffise de citer la fameuse école d'Alexandrie, qui fut si célèbre et eut une si grande influence dès le IIe siècle. En face des savants du paganisme, et surtout de la grande école païenne, si répandue alors sous le titre d'École nouvelle de Platon, le christianisme avait besoin de manifester son enseignement et de montrer que la foi ne détruit pas la philosophie, mais la complète, que les sciences ne sont nullement en désaccord avec la religion.

Parmi les maîtres qui enseignaient dans ces écoles, quelques-uns étaient des philosophes récemment convertis qui, n'ayant pas trouvé dans les systèmes païens la vérité qu'ils cherchaient, avaient été poussés, par leurs propres mécomptes et leurs propres déceptions, vers la révélation divine. D'autres avaient eu le bonheur de naître et de grandir dans la foi catholique. Tous étaient pénétrés de la grande mission qu'ils remplissaient au milieu de ces temps difficiles et troublés : former des chrétiens, les tremper pour les luttes et les épreuves de l'avenir. Si, dans plusieurs des cours publics où se trouvaient mêlés des païens et des chrétiens, ces maîtres se bornaient à inculquer, au milieu de leurs leçons de philosophie ou d'éloquence, l'amour du beau, du vrai, la recherche du bien, la pratique de la justice, du respect de soi et des autres ; ces leçons s'élevaient et l'enseignement avait toute sa portée dans les réunions où n'étaient admis que les seuls chrétiens. Ainsi faisait, à Imola, Cassianus ou saint Cassien, auquel ses soins assidus, donnés à l'enfance, méritèrent la couronne du martyre. Ainsi faisaient, à Rome, le grammairien Bonifacius (1), et d'autres maîtres d'éloquence et de philosophie, qui, à l'exercice d'un devoir sérieusement accompli, savaient joindre la pratique de la charité et du zèle des âmes. Double exercice que devraient se rappeler et pratiquer, pour être dignes de leurs nobles

---

(1) Son épitaphe et celles de plusieurs autres maîtres de littérature ou d'éloquence ont été relevées dans les catacombes sous les titres de *Magister ludi*, *Magister ludi litterarum*.

fonctions, tous les maîtres chargés de l'éducation de l'enfance.

Mais ce serait en vain que les maîtres instruiraient, et que les parents enseigneraient les premières notions de la doctrine chrétienne, si l'enseignement de l'Église ne venait confirmer et sceller l'enseignement des parents et celui du maître. L'Église n'a jamais méconnu sa grande mission d'enseigner, qui est pour elle un grand devoir. Dès sa naissance, abordant le monde païen dans les rues, sur les places publiques, partout où elle pouvait le trouver, elle jeta sa parole à la foule, et l'enseignement tombant de ses lèvres convertit des âmes qui passaient, du baptême reçu, aux supplices et à l'honneur du martyre. Plus tard, au sein des Catacombes, ou dans ses premières églises, elle institua les catéchèses. Des enfants amenés par leurs parents, des hommes mûrs, des vieillards enfants dans la foi, étaient instruits longuement et progressivement de toutes les vérités religieuses. Leurs maîtres étaient les pontifes mêmes du catholicisme, les hommes les plus remarqués par leur foi, leur science et leur génie. Sans cet enseignement de l'Église, qui est l'enseignement autorisé, les notions des vérités religieuses pourraient rester bien vagues et bien incomplètes. Lui seul est l'enseignement doctrinal et fondamental, dont les autres ne sont que la préparation et le développement.

Qu'il nous est doux de voir le fils de Zénon, notre futur apôtre, participer dès ses premières années aux bienfaits de cet enseignement que distribuaient les pontifes de l'Église! Comme il nous plaît de le voir puiser la vérité catholique aux sources pures de cette chaire romaine, mère et maîtresse de toutes les autres, colonne de vérité, appui solide de nos croyances! Comme sa foi dut se fortifier, comme son amour pour Dieu dut s'augmenter sous cette action incessante, que favorisaient encore les habitudes et les pratiques religieuses de la société chrétienne!

Tertullien nous trace, de ces pratiques et de ces habitudes, un tableau délicieux dans son traité de l'Apologétique. « Unis ensemble, dit-il, par le lien d'une même foi, d'une même espérance, d'une même morale, nous ne faisons qu'un même corps. Saintement ligués contre Dieu, nous l'assiégeons de nos prières, sachant bien que cette violence lui est agréable. Nous prions pour les empereurs, les ministres, les puissances, pour l'état présent du siècle, pour la paix du monde et la prorogation des derniers jours. Nous nous réunissons pour nous instruire des saintes Écritures, afin d'y puiser, selon les circonstances, les avertissements ou les lumières qui nous sont nécessaires. Et, certes, ces lettres divines nourrissent notre foi, relèvent notre espérance, affermissent notre confiance, et fortifient de plus en plus la discipline en nous inculquant les saints préceptes. Dans ces assemblées, ont lieu les exhortations, les corrections; et les censures y sont prononcées au nom de Dieu. Des vieillards éprouvés y président, et ils parviennent à cet honneur, non par l'argent, mais par le témoignage d'un mérite incontesté (1). »

Les visites fréquentes aux Catacombes, visites qui restaient dans les usages de la société chrétienne, même quand il était permis de célébrer au grand jour les saints mystères, servaient à fortifier encore dans les fidèles l'esprit de foi, et dans les jeunes enfants l'étude et la connaissance des vérités religieuses. Il est impossible de raconter la vie des premiers chrétiens, sans être amené à descendre aux Catacombes. Ces vastes et saisissantes demeures souterraines, dont les galeries, s'abaissant de trois ou quatre et quelquefois cinq étages au-dessous du sol, occupent un espace considérable sous les faubourgs et sous la campagne de Rome, n'étaient-elles pas le berceau sacré de l'Église naissante, le reliquaire vénéré des martyrs, le lieu de sépulture des parents, dont

(1) *Apologet.*, xxxix.

on se plaisait à visiter les dépouilles aimées et à révérer la précieuse mémoire ? En temps de persécution, elles devenaient le refuge, ou tout au moins le lieu de réunion des fidèles. On comprend combien d'attraits ramenaient les chrétiens dans ces lieux si pleins de chers et sympathiques souvenirs.

Nous n'aurons d'ailleurs aucune peine à étudier les Catacombes ; elles sont aujourd'hui bien connues, et elles semblent sorties de dessous terre avec un éclat qui permet au monde entier de les voir. Un homme qu'on a surnommé le Christophe Colomb de ces régions souterraines, M. le commandeur de Rossi, « a déblayé les cryptes inconnues et les cryptes déjà existantes, mais non comprises ; il en a étudié les caractères chronologiques (1), » a constaté le style des peintures, déchiffré les nombreuses inscriptions. Puis, il a consigné le fruit de ses recherches dans un *Bulletin* plein d'intérêt, et surtout dans son grand et savant ouvrage de *Rome souterraine* (2). Nous avons eu le bonheur de visiter l'an dernier plusieurs cryptes des Catacombes sous sa direction personnelle, humblement adjoint à plusieurs prélats

---

(1) L'abbé Em. Bougaud. *Le Christianisme et les temps présents*, tome. III. Paris, Poussielgue, 1878.
(2) *Bullettino di archeologia cristiana*. — *Roma sotterranea*.

français (1) et à quelques savants de Belgique et d'Italie, et nous avons pu comprendre, d'après les explications du savant archéologue, comment les souvenirs des Catacombes, et tout spécialement les peintures et les inscriptions, sont une vaste et magnifique exposition de la foi chrétienne.

Au sein de ces longues et étroites galeries, dont le labyrinthe rayonne en tout sens, ayant ses ouvertures disséminées çà et là sur la voie romaine, on rencontre de temps en temps de grandes salles, appelées *cubicula,* chambres, chapelles, où les fidèles s'assemblaient pour la célébration des saints mystères, la réception des sacrements et l'audition de la sainte parole. Ces chambres restent encore aujourd'hui décorées de peintures, et sillonnées, ainsi que les galeries, de nombreuses inscriptions, qui plaçaient sans cesse sous les yeux des fidèles l'histoire de la religion depuis Adam jusqu'aux temps apostoliques et même jusqu'aux premières persécutions de l'ère chrétienne. C'était l'enseignement doctrinal de l'Église, sans cesse manifesté et rendu accessible à tous.

Comme pensée dominante de ce vaste et immense poème, voyons d'abord rayonner sur tout l'ensemble la pensée et le nom de Dieu, un en

(1) Son Excellence Mgr Langénieux, archevêque de Reims, et Sa Grandeur Mgr Thibaudier, évêque de Soissons.

substance et trois en personnes. Tantôt un triangle le représente, ou tout autre symbole figurant la Trinité, tantôt des inscriptions (et elles sont nombreuses), le rappellent : « *Vivez en Dieu,* — *Vivez en Dieu le Christ,* — *Espoir dans le Christ,* — *Vivez dans le Saint-Esprit.* Bientôt apparaît la création de l'homme ; les trois personnes divines y coopèrent ; puis vient la chute ; Adam et Eve sont au pied de l'arbre de la science du bien et du mal ; Eve reçoit du serpent la pomme fatale (1). La punition tombe sur eux ; mais la promesse du Réparateur intervient dans la personne d'une *Orante* ou femme priant, de Marie, qui doit briser la tête du serpent infernal.

Noé, dans son arche flottante (2), est bien souvent représenté, plutôt, il est vrai, comme symbole que comme figure historique. Abraham et Isaac apparaissent au même titre (3). Moïse est dépeint, se déchaussant avant d'approcher du buisson ardent, ou frappant de sa verge le rocher pour en faire jaillir l'eau miraculeuse (4). David s'avance

---

(1) Cimetières de la voie Lavicane, de Domitille, de Sainte-Agnès.
(2) *Ibidem*.
(3) La figure de Noé, nous le verrons plus bas, était un symbole du baptême ; le sacrifice d'Isaac était le symbole du sacrifice de la croix et du saint sacrifice de la messe.
(4) Cimetières de la voie Lavicane, de Saint-Callixte.

à la rencontre de Goliath (1); Élie est emporté au ciel, laissant son manteau à Élisée (2); Jonas est enseveli dans les flancs d'une baleine, puis miraculeusement délivré (3); Daniel dans la fosse aux lions (4); les trois jeunes Hébreux dans la fournaise, apparaissent plusieurs fois comme témoignage manifeste de la protection de Dieu. Toutes ces grandes scènes, qui rappellent les faits principaux de l'Ancien Testament, se déroulent aux regards; l'œil les voit, et la foi les contemple, songeant instinctivement aux générations antiques qui déjà les contemplaient là, il y a seize et dix-sept siècles.

Les faits du Nouveau Testament ont un caractère qui saisit et impressionne encore davantage. N'est-ce pas d'ailleurs la lumière après l'ombre, la réalité après le symbole? A l'aurore des temps évangéliques, apparaît la figure suave et ravissante de la très-sainte Vierge. Des fresques nombreuses la représentent. Plus de vingt fois (5), soit

(1) Cimetière de Domitille.
(2) Cimetière des SS. Nérée et Achillée. Bas-reliefs d'un ancien sarcophage.
(3) Crypte de saint Janvier. Cimetière de Saint-Callixte.
(4) Cimetière des SS. Nérée et Achillée.
(5) Cimetières de Domitille, de Sainte-Agnès, des SS. Nérée et Achillée, des SS. Pierre et Marcellin, de Saint-Valentin, de Saint-Callixte surtout, qu'on a surnommé *la Crypte de Marie*.

seule, soit dans les mystères où elle a sa place nécessaire, Marie s'offre aux regards, recueillant les hommages et la vénération des premiers fidèles. Que diraient de ces souvenirs les impies ou les hérétiques modernes, qui nous reprochent de rendre trop d'honneur à la mère du Verbe incarné ?

L'Annonciation, la Maternité divine, l'Adoration des mages, les principaux mystères de la vie cachée de Notre-Seigneur trouvent bientôt leur place dans cette synthèse magnifique et touchante de notre foi. Puis Notre-Seigneur est baptisé dans le Jourdain (1). Il instruit ses apôtres et leur donne leur mission (2). Sous la figure d'Orphée (3), charmant les bêtes féroces, il touche et convertit les âmes égarées. Il opère ses miracles ; il change l'eau en vin (4), multiplie les pains au désert, guérit le paralytique, ressuscite Lazare. Son enseignement aux foules qui le suivent est représenté par les figures de ses paraboles : la vigne (5), les vierges, sages et folles (6), le semeur et la moisson (7), le bon pasteur, cette figure qu'on rencontre presque à chaque pas dans

---

(1) *Cubiculum* de la crypte de Lucine.
(2) Cimetière de l'Ardéatine.
(3) Cimetières de Domitille et de Saint-Callixte.
(4) Cimetière de Saint-Callixte.
(5) Cimetière de Domitille.
(6) Cimetière de Sainte-Agnès.
(7) Cimetière de Saint-Prétextat.

les Catacombes. Ses souffrances sont résumées dans sa croix ; mais nous devons dire que les représentations de la croix, au moins dans sa forme exacte, sont très-rares. Le signe sacré de notre salut étant devenu pour les païens un objet de moquerie, les chrétiens, pour qu'il ne fût pas profané, le déguisaient sous l'apparence d'un objet usuel, de deux lignes ou de deux branches d'arbre se traversant, de la lettre majuscule T, d'une croix grecque.

L'Église apparaît sous les symboles d'une femme épouse du Christ, d'un navire battu par la tempête, d'une colonne ou d'une chaire de pierre, accompagnée d'une colombe représentant le Saint-Esprit (1). Le chef des apôtres, saint Pierre, y est placé au premier plan. Il est assis sur un siège élevé, son vêtement est riche ; il jette ses filets ou pleure ses fautes (2). Les petits poissons représentent les chrétiens, régénérés dans l'eau du baptême. Le poisson plus grand, et seul, représente Jésus-Christ, régénérateur des hommes (3); et ici les anciens auteurs nous font remarquer que les

(1) Cimetières de Saint-Callixte, des SS. Marcellin et Pierre. On sait que les docteurs nomment l'Église la *colonne* et la *chaire* de vérité, assistée divinement par l'Esprit-Saint.

(2) *Rome souterraine*, par Northcote, traduit de l'anglais par Paul Allard. Paris, Didier, 1874.

(3) Cimetière de Saint-Callixte. Crypte de Lucine.

cinq lettres qui composent en grec le mot *poisson* (ΙΧΘΥC) sont chacune le commencement d'un des mots qui signifient : *Jésus-Christ, Fils de Dieu, Sauveur* (ΙΗΣΟΥC ΧΡΕΙΣΤΟC, ΘΕΟΥ ΥΙΟC, ΣΩΤΕΡ).

La morale évangélique est figurée aussi dans les Catacombes sous des emblèmes touchants. La foi s'y personnifie sous les traits d'une femme grave et sérieuse. L'espérance y garde son symbole dans l'ancre, terminée par une croix et accompagnée soit d'une colombe, soit d'un agneau ou d'une brebis. La charité est figurée par un cœur, une rose ; l'ampoule ou la palme désigne le martyre ; le lys, l'agneau représentent la pureté, l'humilité. La vie chrétienne et ses luttes sont figurées par le cheval courant dans l'arène. Le corps de l'homme est représenté par un vase, réceptacle de l'âme; une colombe, quelquefois au vol, un agneau désignent l'âme séparée du corps (1).

Mais voici venir maintenant les sacrements, canaux des grâces, dans leur majestueuse ordonnance et leurs mystérieuses et symboliques figures. On dirait que l'art chrétien, malgré la loi de l'*Arcane* ou du secret, s'est appliqué à en donner des représentations plus nombreuses et plus touchantes que pour les autres vérités religieuses. C'est le Baptême qui, tout d'abord, est figuré par

(1) Crypte de Lucine et autres.

Noé et son arche flottante, par Moïse frappant le rocher, par le ministre sacré pêchant des poissons, c'est-à-dire attirant les âmes à Jésus-Christ. Et tout près de ces fresques si symboliques et si multipliées, voici, comme explication, un personnage plus grand, versant de l'eau sur la tête d'un autre qui est plus petit, bientôt ailleurs lui imposant les mains; puis, la colombe apportant le rameau d'olivier. N'est-ce pas là en même temps l'image du Baptême et de la Confirmation (1).

L'Eucharistie, comme sacrifice, est figurée par le sacrifice d'Abraham (2), et par le poisson ou l'agneau immolé (3), ces deux représentations qu'on retrouve si souvent dans les fresques des premiers siècles. Comme sacrement, elle est désignée par le poisson portant le pain et le vin, image suave qui symbolise à la fois le Christ et le sacrement, ou par l'agneau portant une jatte de lait nimbée, symbole emprunté à la vie pastorale et souvenir d'un pieux usage et d'une vision mystérieuse. Le lait est la nourriture des agneaux; c'est au moyen du lait que le pasteur élève le troupeau qui lui est confié. Dès les premiers

---

(1) Cimetières de la voie Lavicane, de Sainte-Priscille, de Saint-Callixte, etc.
(2) Cimetière de Saint-Callixte.
(3) *Ibidem*.

temps de l'Église, « l'usage existait de donner aux enfants, après le baptême, un peu de lait et de miel, en image des dons divins auxquels le baptême leur donnait le droit de participer (1). » Et ne lisons-nous pas dans les Actes du martyre de sainte Perpétue, document incontestable du commencement du iiie siècle, qu'elle fut divinement fortifiée pendant son sommeil, par la vision d'un homme, portant un habit de pasteur, qui lui mit sur les lèvres un peu de lait caillé, emblème touchant de la sainte communion et des effets précieux qu'elle produit en nous ?

La Pénitence a aussi ses grandes et saisissantes figures, d'abord dans le paralytique guéri par Notre-Seigneur, en témoignage du pouvoir suprême qu'avait le Fils de l'homme de pardonner les péchés, puis dans le bon pasteur, entouré de brebis, de chevreaux et de boucs, afin de bien affirmer, au milieu des erreurs déjà existantes, que la pénitence atteint tous les pécheurs repentants, quels qu'ils soient et quelque nombreuses qu'aient été leurs iniquités.

Voilà un exposé bien pâle et sans doute bien incomplet des principaux enseignements que renferment les fresques et les inscriptions des Catacombes. On comprendra que nous ne puissions

(1) *Rome souterraine*, par Northcote.

nous étendre davantage; il y faudrait consacrer plusieurs volumes. Au moins en avons-nous assez dit pour faire remarquer combien sont précieux ces antiques et solennels souvenirs. Quelle précision de détails, quelle force de preuves pesant du poids de seize siècles et plus, sur les impies et les hérétiques! Quel enseignement pour les chrétiens d'à présent! Quel enseignement complet et accessible pour les chrétiens des premiers âges!

Peut-être serait-ce ici le lieu de nous demander à quelle époque saint Quentin reçut le baptême ? Jacques Meyer, dans ses *Annales de Flandre* (1), nous dit que le glorieux Martyr fut régénéré dans les eaux du baptême par le ministère du saint pontife Marcellin. Mais quel était ce pontife Marcellin? Est-ce, comme l'ont dit quelques auteurs, l'évêque de Rome lui-même, le souverain-pontife Marcellin, successeur de saint Caïus sur le trône pontifical? On peut le penser avec juste raison. Toutefois, certains biographes font remarquer que le souverain-pontife Marcellin n'occupa la chaire de Pierre que depuis l'année 296 jusqu'à l'année 308. Conséquemment, ajoutent-ils, saint Quentin, qui naquit vers l'an 280 ou environ, ne peut pas avoir été baptisé par lui.

---

(1) *Annales Fland., ad ann.* 657.

Cette conséquence ne nous paraît pas rigoureuse. On sait parfaitement que, dans les premiers temps de l'Église, hors le cas de nécessité où la vie de l'enfant pouvait courir quelque danger, l'usage existait de retarder beaucoup le baptême, et ordinairement on ne le donnait guère aussitôt la naissance. Bien que certains docteurs de l'Église et certains conciles particuliers (1) aient réclamé contre les abus qui pouvaient s'ensuivre, le plus souvent on attendait que l'adolescent ou le jeune homme fût en état de comprendre la grandeur du sacrement qu'il allait recevoir. C'est ainsi que, même dans les siècles suivants, furent retardés les baptêmes de Constantin, de saint Ambroise, de saint Augustin, et d'autres personnages connus.

Quant à ce qui est de saint Quentin, on peut donc penser que son baptême n'eut lieu que vers l'année 296 (2), époque à laquelle, selon le sentiment de Jacques Meyer, il aurait été baptisé par le souverain-pontife saint Marcellin.

(1) Origène, saint Cyprien, Concile de Carthage.
(2) C'est la date assignée, par dom Grenier, pour le baptême de saint Quentin. *Manuscrits inédits de la Bibliothèque nationale*, vol. CLXVI, paquet 2.

CHAPITRE TROISIÈME

VOCATION DE SAINT QUENTIN A L'APOSTOLAT.
FUT-IL PRÊTRE ?

Parmi ceux que Dieu destine au ministère apostolique, s'il en est, comme saint Paul, qui sont appelés par une disposition soudaine et inespérée, par un de ces coups de grâce qui les renverse et les laisse entre les mains de la Providence, prêts à toute œuvre qu'elle voudra leur confier; il en est aussi, et c'est le plus grand nombre, que la voix divine prévient et qu'elle prépare dès leur première et tendre enfance; qui, dociles à ses inspirations et à ses motions secrètes, suivent, sans jamais dévier, l'attrait qui est en eux. Ames saintes et bénies, qui veulent, par un complet sacrifice d'elles-mêmes, se disposer à être les instruments de Dieu dans la grande œuvre de la rédemption de l'humanité! Cœurs dévoués et persévérants, qui, loin de déserter la place que leur a marquée la divine Providence dans le milieu des créatures utiles, y tendent de toute leur ardeur et de tous leurs efforts, jusqu'à ce qu'enfin ils aient atteint le but qu'elle leur a auparavant désigné.

Tel fut saint Quentin. Ce qu'a été son éducation sous des parents et sous des maîtres chrétiens, nous l'avons vu. Ce qu'opéra la grâce dans son âme, quand, se révélant à lui aux limites de l'enfance, ou dès le début de l'adolescence, elle lui fit entrevoir la vocation sainte et sublime dont Dieu le gratifiait, lui-même nous le dit et ses biographes nous le font connaître. Sa préparation à l'apostolat se traduisit par une double disposition de foi et de détachement, qu'élevait et que fortifiait sans cesse l'action de Dieu.

On l'a dit, la foi et le détachement sont des grâces inséparables (1). Ce sont comme deux jumeaux qui prennent naissance dans l'âme, croissent ensemble et persévèrent dans une sympathie si étroite, qu'ils semblent n'avoir qu'une même vie et poursuivre une même destinée, jusqu'à ce qu'ils arrivent, toujours ensemble, à une même et commune fin. La foi s'élève, d'un vol hardi, vers les sommets du ciel et de l'éternité; elle contemple, dans une tranquillité sereine, la

(1) FABER. *Bethléem.* Paris, A. Bray, 1867.

patrie céleste pour laquelle l'homme est fait ; elle se repose avec bonheur dans cette contemplation.

Mais, en même temps, le détachement s'élève et monte avec elle ; il oublie, dans la compagnie de la foi, les choses terrestres, les avantages, les biens, les espérances d'ici-bas. Il n'en juge que selon les vues et les pensées de la foi ; il vit de la vie de la foi et se complaît là où se complaît la foi.

Formé par la grâce divine et par les habitudes de sa vie à tous les grands devoirs et à toutes les grandes vertus qui font les chrétiens forts et généreux, guidé en tout par la foi, ne s'inspirant que des vues célestes, saint Quentin n'avait qu'un désir : aimer Dieu, le servir, et suivre fidèlement la voie que la divine Providence semblait lui avoir déjà tracée. Sous la conduite des ministres de Dieu, peut-être du saint pontife Marcellin (1) qui lui avait donné le baptême, il s'appliquait, dit un de ses biographes (2), à se rendre digne de sa vocation, et il dirigeait toutes ses

(1) On sait que les chrétiens des premiers âges, à Rome, communiquaient facilement avec le pontife souverain, ou avec les ministres inférieurs, ses représentants. Le plus souvent, c'était le Souverain-Pontife qui célébrait lui-même les saints mystères dans les églises ou dans les catacombes, et y adressait les instructions aux fidèles.

(2) Claude de la Fons.

pensées et tous ses efforts vers ce but. Sauver des âmes, les arracher aux ténèbres de l'infidélité, les faire entrer en participation de la vraie lumière et « sous l'heureuse domination du très-puissant et très-aimable Seigneur Jésus-Christ, » telle était son ambition. Les travaux et les périls inhérents à la vie d'apôtre, loin de l'effrayer, ne faisaient qu'enflammer son ardeur. « Plus les persécutions étaient chaudes et rigoureuses, continue son intéressant biographe, plus saint Quentin éprouvait le désir de les affronter, multipliant, pour bien répondre aux desseins de Dieu, les prières et les exercices de piété usités entre les chrétiens de ce temps-là. » Les attraits, qui portent tant d'âmes vers les avantages extérieurs, les richesses, les honneurs, les positions brillantes, lui étaient étrangers. Lui-même nous apprend, dans les réponses aux interrogatoires de ses juges (1), combien peu de cas il faisait de tous ces avantages périssables qui fascinent tant les yeux et séduisent tant les cœurs. La noblesse du sang, l'illustration de la naissance étaient, dans sa pensée, bien au-dessous du noble titre de chrétien et des prérogatives attachées à ce titre. Enfant de Dieu par son baptême, il considérait surtout l'excellence de cette adoption divine qui le ren-

(1) Voir plus loin, chap. VI.

dait frère de Jésus-Christ et fils de l'Église, elle-même attachée par tant de liens à Jésus-Christ.

Accompagné de plusieurs jeunes Romains de son âge et de sa condition, qui étaient comme lui pleins d'amour pour Dieu et de zèle pour le salut de leurs frères, il se rendait aux conférences du saint pontife Marcellin, de qui bientôt ils devaient recevoir leur mission, et tous recueillaient de sa bouche les instructions propres à les confirmer dans la sainte et digne vocation que Dieu leur avait donnée. C'était, nous pouvons le supposer, dans un de ces lieux de réunions que les chrétiens possédaient en grand nombre dans la ville de Rome, peut-être au sein des Catacombes romaines et dans cette crypte alors si vénérée de Saint-Sixte, là où reposait le pontife, « héros des Catacombes, » martyrisé récemment [259] dans les Catacombes mêmes, où il avait été arrêté par les soldats païens pendant la célébration des saints mystères. Qui ne se représente, au milieu de la majesté de ces héroïques souvenirs, un pontife des premiers âges adressant ses avertissements à quelques jeunes chrétiens, prédestinés à l'apostolat et au martyre (1) ?

(1) Les considérations qui suivent sont tirées, en substance, de quelques Actes de martyrs.

« Mes enfants, leur dit le pontife, des âmes se perdent au loin. La moisson du Seigneur est abondante, mais les ouvriers sont peu nombreux. — Commandez, Père, et nous obéirons. Dites la parole du maître : *Allez;* et nous irons. — Mais pour aller, mes enfants, il faut se séparer; il faut dire adieu à la patrie, à la famille, aux espérances selon le monde, aux honneurs, aux richesses. — La patrie de l'apôtre, c'est l'univers entier; sa famille, ce sont les pécheurs; ses espérances, ce sont les biens célestes, les trésors et les splendeurs de l'éternité.— Pourrez-vous, mes enfants, affronter les fatigues de l'apostolat, traverser les déserts, franchir les montagnes, aller de ville en ville, de bourgade en bourgade, ne connaître ni trêve, ni repos?— Avec la grâce de Dieu, Père, et forts de la mission reçue, en votre personne, de Jésus-Christ lui-même, nous le pourrons. — Mais pourrez-vous endurer les opprobres, les tourments, le martyre? Brebis innocentes du Sauveur, ne craignez-vous pas d'être déchirées et dévorées par les loups? — Nous ne craignons pas, Père. Les opprobres pour nous seront doux; n'est-ce pas d'opprobres qu'a été abreuvé le Maître? Le martyre sera plein de délices; nous ne pouvons pas donner à notre Dieu une plus grande marque d'amour que de verser notre sang pour lui. Brebis de Jésus-Christ, si les loups nous dévorent, ils seront transformés en nous. — Eh bien, alors, mes enfants, au nom de Jésus-Christ, allez; enseignez les nations encore assises à l'ombre de la mort. Allez dans ces Gaules du Septentrion, où plusieurs de vos frères ont déjà porté la lumière de l'Évangile, mais où cette lumière a besoin de s'accroître et de s'étendre. Allez; vous serez comme des agneaux au milieu des loups; toutefois ayez confiance; la persécution fait œuvre divine; le sang des martyrs est une semence de chrétiens. »

C'est par quelques paroles de ce genre, qu'un jour le souverain-pontife Marcellin envoya saint Quentin et ses compagnons pour évangéliser notre pays. Cette mission, dont nous ne devons parler que dans les chapitres suivants, nous reporte au commencement du IVe siècle, vers l'an 302 ou environ. Saint Quentin paraît à certains auteurs en avoir été le chef; au moins il est nommé le premier dans tous les Actes relatifs à ces saints personnages (1). Quoique la tradition nous le présente comme étant encore jeune, quand

(1) *Acta SS. Victorici et Fusciani*, etc. *Acta SS. Crispini et Crispiniani*. — MEYER, *Annal. Fland.* — MOLAN., *in Chron. Belg.*, cités par Claude de la Fons et Paul Colliette. Légende du bréviaire de Noyon, propre de Saint-Quentin.

il vint réveiller la foi dans nos contrées, quelques-uns de ses biographes déduisent de sa qualité, non toutefois établie suffisamment, de chef de mission, qu'il était déjà avancé en âge. C'est lui, disent-ils, qui envoya saint Piat, l'un de ses compagnons, à Tournai, lui que venaient visiter, de Thérouanne, au pays des Morins, saint Victorice et saint Fuscien, pour lui rendre compte des succès de leurs prédications (1). N'eut-il pas d'ailleurs plusieurs compagnons qui étaient évêques, et qui à ce titre dirigèrent des chrétientés ? Et là-dessus ces auteurs établissent qu'étant le chef des autres, il était nécessairement le plus âgé.

Ils vont plus loin ; ils insinuent et essayent de prouver, au moyen des mêmes arguments, que saint Quentin était évêque. « Sa prééminence, dit Paul Colliette, dans les *Mémoires du Vermandois* (2), et le ministère rempli par lui, sembleraient indiquer qu'il fut relevé au-dessus de ses compa-

---

(1) Saint Victorice et saint Fuscien étaient venus de Thérouanne à Amiens, pour s'entendre avec saint Quentin, lorsqu'ils apprirent qu'il avait souffert le martyre. Presque aussitôt ils furent eux-mêmes saisis, par ordre de Varus, et mis à mort en haine de la foi chrétienne. *Antiquités religieuses du diocèse de Soissons*, par J.-F.-M. Lequeux. Paris, Parmentier, 1859.

(2) *Mémoires pour l'histoire du Vermandois*, par M. Louis-Paul Colliette.

gnons par un ordre supérieur, et l'on peut présumer avec juste raison qu'il fut honoré du caractère épiscopal. » Le chanoine de la Morlière est encore plus affirmatif, et il s'exprime ainsi dans un ouvrage d'ailleurs très-estimé et plein de savantes recherches, intitulé : *Antiquités et choses remarquables de la ville d'Amiens* (1).

> Le Romain que ie pourroy dire
> Second apostre, *Euesque* mien,
> Qui chez moy gousta le martyre,
> Puis, luy ostant le nom d'Empire,
> Surnomma saint Quentin du sien...

Quoi qu'il en soit de ces conjectures et abstraction faite du sentiment de ces quelques auteurs, il est à remarquer qu'aucun des Actes les plus anciens, relatifs à notre saint Martyr, aucune des légendes ou autres histoires de sa vie, aucun des monuments liturgiques tirés des offices, anciens ou nouveaux, usités en son honneur, ne lui donne le rang d'évêque, que ces biographes voudraient, à défaut d'autres preuves, lui décerner au simple titre d'une convenance non suffisamment motivée. Il y a là un argument négatif, dont la force n'a pas échappé au docte historien Louis-Paul Colliette. « Au moins, conclut-il, cet argument ne

---

(1) *Les Antiquitez et choses remarquables de la ville d'Amiens*, par Adrian de La Morlière.

détruit pas les sérieuses vraisemblances que nous venons d'alléguer. »

Ce qui est très-probable, c'est que saint Quentin fut prêtre. Nous savons que des auteurs, même récents, l'ont nié, bien contrairement à l'opinion des biographes que nous venons de citer, voulant ne voir dans saint Quentin, ou qu'un simple diacre, car il est représenté en costume de diacre dans certaines peintures du moyen âge, ou même qu'un simple laïque, exerçant un apostolat inférieur, nécessairement privé et restreint.

Mais on n'ignore pas que le costume de diacre, attribué à certains personnages, désigne plutôt la fonction de prédicateur que le rang d'ordination. Saint Barnabé, dit le père Cahier, dans son magnifique ouvrage des *Caractéristiques des saints* (1), est quelquefois représenté en costume de diacre, et cependant il fut l'un des apôtres, et l'Église de Milan le regarde comme le fondateur de son siège épiscopal. Saint Baudille, martyr de Nîmes, est dépeint avec les mêmes insignes, quoiqu'il ne fût que simple sous-diacre; mais c'est un signe de son apostolat. « Il prêchait avec la permission des prélats, et quand il avait converti quelques ido-

(1) *Caractéristiques des saints*, par le P. Ch. Cahier. Paris, Poussielgue, 1867.

lâtres, il les faisait baptiser par les évêques ou les prêtres des diocèses où il était (1). » C'est aussi ce que faisaient, la plupart du temps, les diacres, qui, d'ailleurs, n'étaient pas ordinairement des missionnaires isolés, mais les compagnons ou les précurseurs des évêques et des prêtres. Le costume de diacre, attribué à saint Quentin dans certaines peintures du moyen âge, n'est donc pas un argument sérieux contre ceux qui prétendent que notre saint Martyr fut au moins honoré de l'ordre de la prêtrise.

Et à ceux qui voudraient que saint Quentin ne fût que laïque, nous répondrons : Comment concilier votre sentiment avec le titre d'apôtre, de missionnaire envoyé dans les Gaules pour y prêcher l'Évangile, titre que donnent à saint Quentin tous les Actes, toutes les légendes, tous les documents liturgiques, tous les monuments de l'architecture, relatifs à ce saint? « Le pouvoir et le devoir de prêcher, dit l'abbé Martigny (2), appartiennent essentiellement aux évêques, qui purent toujours se faire suppléer par des prêtres et quelquefois par des diacres. En principe, la prédication était interdite aux laïques ; elle ne leur

(1) *Les petits Bollandistes,* par M. l'abbé Paul Guérin. Paris, Palmé, 1866.
(2) *Dictionnaire des antiquités chrétiennes,* par M. l'abbé Martigny. Paris, Hachette, 1865.

fut permise que pas exception. De même primitivement, dit encore le savant auteur, les évêques seuls, successeurs des apôtres, administraient le baptême. D'après les constitutions apostoliques, les prêtres, sous l'autorité des évêques, en sont aussi les ministres ordinaires. Les diacres ne purent jamais le conférer qu'en vertu d'une délégation spéciale. » Or, nous voyons, dans les Actes de saint Quentin, qu'il prêchait publiquement, par les rues et les places publiques, qu'il convertissait les foules et les amenait au baptême (1). On ne dit pas qu'il n'avait qu'un apostolat restreint, exercé avec la permission des évêques, et qu'il réservait, pour qu'elles pussent être baptisées plus tard par un ministre sacré, les foules qu'il avait converties. Il prêchait et baptisait, comme ayant un pouvoir et une autorité propres. Donc, quoique nous n'ayons sur cette question aucun document précis et certain, nous croyons pouvoir prononcer, avec vraisemblance et même avec probabilité, que saint Quentin était prêtre.

(1) Dans les vieux dessins d'un manuscrit du XIIe siècle, que possède la basilique de Saint-Quentin, l'infatigable apôtre est représenté comme prêchant et baptisant les foules. Et ainsi le représentaient encore les sculptures du XIVe siècle, qui décoraient, avant la Révolution, le mur de clôture du chœur de la basilique.

CHAPITRE QUATRIÈME

MISSION DE SAINT QUENTIN ET DE SES COMPAGNONS.
PRÉDICATIONS DE SAINT QUENTIN A AMIENS.

Bien que les Gaules aient été évangélisées dès le premier siècle de l'ère chrétienne, et que des Églises nombreuses y aient été successivement établies, la foi en Jésus-Christ ne s'y était accrue que lentement, surtout dans certains centres moins privilégiés, et l'action religieuse y était toujours contrariée par la superstition, le scepticisme et la corruption des mœurs. Les campagnes tout particulièrement comptaient encore de nombreux partisans du paganisme. Il en était ainsi des villes que leur éloignement des sièges épiscopaux tenait à distance de ces « foyers de lumière placés au milieu des ténèbres pour éclairer toutes les âmes de bonne volonté (1). »

Le mode d'extension du christianisme, dont il

(1) Dom CHAMARD. *Les Églises du monde romain*.

importe de se rappeler les phases diverses, explique suffisamment ces différences. D'abord la religion catholique avait été la religion des individus; bientôt elle était devenue la religion des familles; puis, son expansion croissant à la faveur de la persécution aussi bien que de la tolérance, elle avait gagné des agglomérations de familles, véritables sociétés, confondues et distinctes au milieu de la société civile (1). On comprend que ces agglomérations étaient d'autant plus intenses et plus multipliées, qu'elles se rapprochaient davantage d'un siège épiscopal, ou d'un centre de prédications, où s'entretenait et se fortifiait la vie religieuse. D'autre part, dans certaines localités, les évêques et les missionnaires, qui avaient fondé et organisé des chrétientés, étaient parfois obligés de les abandonner momentanément, ou pour fuir au loin sous l'imminence de la persécution, ou pour répandre les conquêtes de leur zèle au milieu des territoires qu'ils jugeaient moins favorisés. De là, pour ces chrétientés, une diminution de la croyance et de la vie chrétienne, en raison de l'absence des pasteurs et du peu d'influence qu'ils pouvaient alors exercer sur leur troupeau.

Pour ce qui est de nos pays du Nord, malgré

(1) Comte Desbassyns de Richemont, d'après M. de Rossi. *Revue des questions historiques*. Paris, Palmé, 1869

les conversions opérées dans les premiers siècles et l'existence de nombreux sièges épiscopaux, le paganisme était encore florissant, et il gardait des racines très-profondes dans certaines parties de la Gaule Belgique. Aussi, les pontifes romains, attentifs aux besoins des âmes, multipliaient les ouvriers de l'Évangile; et c'est pourquoi, comme nous le disions au chapitre précédent, le souverain-pontife Marcellin, au commencement du ive siècle, envoya de Rome saint Quentin et ses compagnons.

On a beaucoup discuté sur le nombre des compagnons de saint Quentin. Le plus ancien texte connu des Actes de notre Martyr n'en relate qu'un seul, saint Lucius ou Lucien, « qui fut lui-même martyr de Dieu, et vint, de la ville de Rome, avec saint Quentin dans nos pays. » C'est qu'en effet saint Lucius vint seul à Amiens avec saint Quentin, après que la sainte phalange se fût dispersée pour les besoins de l'apostolat, « et, dans cette ville, dit le chanoine Raimbert (1), ils convinrent ensemble du lieu où chacun devait fixer son séjour habituel. » Mais une tradition constante et qui remonte aux temps les plus reculés, tradition qui

(1) *Vie de saint Quentin*, manuscrit du xiie siècle, traduit et publié par M. l'abbé Gobaille. Saint-Quentin, imprimerie Jules Moureau, 1870.

se trouve consignée dans des documents sérieux, et en particulier dans l'histoire dite authentique du chanoine Raimbert, écrite au commencement du xiie siècle, ne nous laisse pas lieu de douter que les compagnons de saint Quentin aient été au nombre de onze, dont le docte chanoine nous cite les noms : saint Lucien (ou Lucius), saint Crépin et saint Crépinien, saint Rufin, saint Valère, saint Marcel, saint Eugène (ou Eubert), saint Victorice, saint Fuscien, saint Piaton (ou Piat), saint Régulus (ou Rieul). Certains auteurs ont émis quelques doutes par rapport à l'apostolat de saint Rieul, au ive siècle. Ils pensent qu'on l'a confondu avec saint Rieul, compagnon de saint Denis, qui fonda, vers la fin du premier siècle, le siège épiscopal de Senlis. En effet, si le nom de saint Rieul est relaté dans certains Actes anciens sous le titre de compagnon de saint Quentin, le nom de Chrysole lui est substitué dans d'autres Actes. C'est ainsi que Molanus (1), dans les *Vies des saints du Brabant*, Jean Cousin, dans son *Histoire de Tournai* (2) et d'autres auteurs recommandables, rangent saint Chrysole parmi les apôtres qui vinrent évangéliser la Gaule Belgique, au commencement du ive siècle.

(1) *Vie des saints du Brabant*. Louvain, 1575.
(2) *Histoire de Tournai*. Douai, 1619.

Tous ces saints personnages étaient de noble famille, et, sauf deux, étaient Romains; saint Piat était de Bénévent; saint Chrysole, issu de race royale, était originaire de la petite Arménie. Ainsi la doctrine catholique, tout en se répandant au milieu des pauvres et des petits, continuait à se propager au sein des classes élevées de la société, et y trouvait des disciples et des apôtres. Triomphe spécial, que nous avons eu occasion de constater déjà, et qui montre que, malgré les difficultés inhérentes à la pratique de la religion chrétienne, les membres de l'aristocratie, qui devaient souffrir davantage de ces difficultés, se sentaient attirés comme par une force invincible vers le nom de Jésus-Christ.

Vraisemblablement pendant le long trajet de Rome à la Gaule Belgique, les zélés missionnaires s'appliquèrent à répandre, au milieu des populations qu'ils traversaient, la bonne nouvelle de l'Évangile. Nous savons, de saint Piat, qu'il prêcha à Chartres, et que sa parole y produisit peu de fruit.

Les chroniques du Hainaut nous apprennent qu'avant d'entrer dans le pays des *Remi* ou de la Gaule Belgique seconde, où devait s'exercer leur apostolat, saint Quentin et ses compagnons s'arrêtèrent à Lutèce, et « là, ils se mirent à prier le

Père des lumières, pour qu'il lui plût de les adresser selon son bon plaisir et de leur enseigner ce qu'ils devaient faire. » Sur l'inspiration de l'Esprit-Saint, ils se divisèrent alors les territoires où chacun d'eux porterait le ministère de la sainte parole. Saint Quentin et saint Lucius se dirigèrent vers Amiens; saint Crépin et saint Crépinien prirent route pour Soissons; saint Rufin et saint Valère allèrent au pays de Reims; saint Victorice et saint Fuscien se rendirent à Thérouanne; saint Piat et saint Eugène prirent le chemin de Lille et de Tournai; saint Chrysole les y suivit. Pour ce qui est de saint Rieul, ceux qui le font compagnon de saint Quentin, disent qu'il se rendit à Senlis. Quant à saint Marcel, on n'a rien de certain sur le lieu de son apostolat; Claude de la Fons croit qu'il évangélisa le pays de Trèves, dont il devint évêque.

La ville d'Amiens, où saint Quentin se rendit avec saint Lucius pour exercer son apostolat, était alors une des cités les plus importantes et les plus remarquables de la Gaule Belgique. Antique Samarobrive, elle jouissait du titre d'Auguste, que les Romains ne donnaient qu'aux cités principales des nations gauloises. La bonne nouvelle de l'Évangile y avait été apportée dès le premier siècle, et l'évêque saint Firmin, qui en fut le premier apôtre, y avait multiplié, par son zèle et ses œuvres merveilleuses, les fidèles de Jésus-Christ. Saint Quentin venait continuer cet apostolat et les apostolats qui avaient suivi, et sceller, comme saint Firmin, de son sang la foi qu'il avait reçu mission d'annoncer.

Bientôt saint Lucius a quitté Amiens et s'est dirigé vers Beauvais; saint Quentin, resté seul, s'applique, par la prière et par l'esprit de pénitence, à attirer sur les âmes confiées à sa sollicitude la miséricorde et la grâce du Sauveur. Ses oraisons sont de tous les instants; ses jeûnes sont continuels (1). Comme l'apôtre saint Paul, en même temps qu'il fléchit les genoux aux pieds du Dieu tout-puissant, pour obtenir que le Christ, fils de Dieu, habite par la foi dans les âmes (2), il crucifie sa chair, pour se rendre digne, en se sanctifiant lui-même, de sanctifier les autres (3).

Nous n'avons pas à dire ici quelle est la puissance de la prière pour obtenir d'en haut et attirer sur les âmes le don de la vérité. La vérité, c'est Dieu, et Dieu désirant se communiquer; et quand nous demandons à Dieu, pour nous ou pour les autres, le don de la vérité, nous lui de-

---

(1) Claude de la Fons, Paul Colliette, etc.
(2) Ephes., III, 14, 17.
(3) I Corinth., IX, 27.

mandons de se communiquer lui-même, ce qui est naturel à son être, et nous lui demandons de nous communiquer un don, non moins nécessaire à l'accomplissement de ses desseins qu'à la rectitude et à la perfection de notre vie.

La pénitence n'est pas moins efficace que la prière pour aplanir les voies devant les effusions de la grâce divine. Elle étouffe les clameurs du péché, elle purifie les lieux où doit descendre la grâce d'en haut. Elle ouvre à la miséricorde céleste des portes mystérieuses par où elle se précipite dans les âmes et les comble de ses ineffables libéralités. La prière, la pénitence, ce sont d'ailleurs les deux soutiens de l'apôtre. Pour se maintenir avec persévérance dans la pratique d'une vie si haute et si pleine de fatigues et de dangers, ne faut-il pas qu'il se soit fait une habitude de communiquer avec Dieu, et, un besoin, une passion, de mortifier sa volonté et de flageller ses sens ?

En même temps qu'il prie et se mortifie, « semblable à un religieux (1), » nous disent ses Actes, saint Quentin prêche Jésus-Christ, la force et la vertu de Dieu, Jésus-Christ, Dieu fait homme, mort et ressuscité pour la rédemption de l'huma-

---

(1) *Tanquam monachus*.

nité (1). Il représente aux âmes égarées qui l'entourent le néant et l'impuissance de leurs idoles, qui ne sont que des simulacres muets, faux et mensongers. Il leur parle de la puissance et de la grandeur du Dieu véritable, qu'il faut adorer seul et servir, en pratiquant ses divins commandements.

Peut-être, reproduisant textuellement le langage que l'évêque saint Firmin tenait à ce peuple d'Amiens, au moment où il vint pour la première fois l'évangéliser, il leur dit ces paroles que la tradition et la liturgie amiénoises nous ont conservées : « Mes petits enfants, sachez que Dieu le Père, créateur de tout ce qui existe, m'a envoyé vers vous pour purifier cette cité du culte des idoles et vous annoncer Jésus-Christ, Jésus-Christ crucifié selon la faiblesse de la chair, mais vivant par la vertu de Dieu (2). »

Le zèle que déploie saint Quentin lui attire beaucoup d'auditeurs. Il annonce l'Évangile de Jésus-Christ, non-seulement à Amiens, mais dans les environs. Toutefois, il le fait avec une sage et discrète prudence, « peu à peu, comme dit Claude de la Fons (3), et sans bruit; » car les

(1) Claude de la Fons.
(2) Bréviaires anciens d'Amiens.
(3) *Histoire de saint Quentin*, chap. v.

édits de persécution paraissaient imminents. Non pas assurément qu'il craigne le martyre; mais il jugeait nécessaire et opportun, selon les intérêts de la foi, de ne pas s'exposer inutilement, et de se réserver, autant que la divine Providence le permettrait, pour les besoins du troupeau qui lui était confié.

Dieu se plut d'ailleurs à confirmer, par des miracles éclatants, la mission donnée à son apôtre. Par le seul signe de la Croix, saint Quentin rendait la vue aux aveugles, l'ouïe aux sourds, la parole aux muets, l'usage des membres aux paralytiques (1). Il multipliait ces œuvres merveilleuses dont la divine Providence a surtout départi le privilège aux hommes apostoliques des premiers temps, et sans lesquelles la religion n'aurait pas pu s'établir; car elle est, et elle devait apparaître aux yeux de tous comme l'œuvre et la vertu de Dieu. L'action intérieure de la grâce acheva dans les âmes ce que l'action extérieure du miracle avait commencé dans les esprits. Les idolâtres se convertirent en grand nombre, et non-seulement les petits et les pauvres, mais les esprits élevés et intelligents, cédèrent aux prédications de l'apôtre, ou plutôt à l'action de la grâce de Dieu, qui les avait éclairés et changés.

(1) *Ibidem.* — *Acta S Quintini.*

CHAPITRE CINQUIÈME

PERSÉCUTION DE MAXIMIEN ET DE DIOCLÉTIEN. — SAINT QUENTIN EST MIS EN PRISON. — SON PREMIER INTERROGATOIRE. — IL EST CRUELLEMENT FLAGELLÉ.

Quand, au milieu du calme de la nature et de la pureté sereine d'un beau ciel d'été, il arrive que l'orage tout à coup s'élève et que la tempête éclate, des signes précurseurs, inaperçus peut-être du plus grand nombre, mais qui n'ont pu échapper à un observateur prudent et attentif, se sont manifestés. Des nuages, d'abord isolés sur divers points de l'horizon, se sont réunis, le soleil a perdu de son éclat, l'atmosphère s'est peu à peu assombrie, les vents se sont élevés, les vapeurs se sont condensées; bientôt la foudre éclate et sème la désolation et le deuil.

Ainsi le ciel semblait serein, et une atmosphère pure et tranquille paraissait envelopper l'Église à la fin du IIIe siècle. Dioclétien venait d'associer Maximien à l'Empire; l'un gouvernait principalement en Orient, l'autre en Occident. Tous deux, par politique et par désir de la paix, se gardaient bien d'inquiéter trop les chrétiens. Mais la nécessité des affaires les ayant forcés à élire deux Césars, Dioclétien choisit Maxime-Galère, homme fanatique et féroce, tandis que Maximien prit Constance-Chlore, homme doux et clément, plein d'estime pour le christianisme, parce qu'il estimait la vertu.

Peu à peu l'influence de Galère prévalut dans les conseils impériaux. Ce prince barbare, ennemi du nom chrétien, dont la haine impie était sans cesse excitée par sa mère et par la fureur jalouse des prêtres des idoles, finit par triompher des répugnances de Dioclétien, le seul des deux empereurs qui opposât quelque résistance à ses projets. Il obtint que des édits, moins barbares d'abord, fussent publiés dans tout l'empire [303], à l'effet d'enlever aux chrétiens leurs églises qui devaient être démolies, leurs livres sacrés, et tous leurs droits politiques, civils et domestiques (1). Ainsi les vents s'élevaient et les nuages s'amoncelaient déjà sur l'Église de Dieu. Bientôt un deuxième édit ordonna de contraindre, par tous

(1) Abbé BLANC. *Cours d'histoire ecclésiastique*, 2ᵉ partie. Gaume, 1850.

les moyens possibles, les chefs et les ministres de la religion du Christ à sacrifier aux idoles. C'était le commencement de la tempête, et le bruit sourd et prolongé que fait d'abord l'orage. Puis, la tempête éclata. Un troisième édit fut lancé, qui prescrivait à tous les chrétiens, sans distinction d'âge et de sexe, de sacrifier aux faux dieux, sous peine du dernier supplice. Sauf dans les États gouvernés par Constance-Chlore, cet édit fut exécuté sur toute l'étendue de l'empire avec une barbarie inouïe. Toute la terre, dit Lactance (1), était inondée de sang, depuis l'Orient jusqu'à l'Occident. Il y eut, entre les juges chargés d'exécuter les volontés impériales, comme une émulation de l'enfer, et c'était à qui, selon l'historien Eusèbe (2), inventerait contre les chrétiens de nouvelles et plus cruelles tortures.

Maximien, qui ordonna la persécution pour l'Occident, fut merveilleusement secondé, dans sa haine profonde pour le christianisme, par le préfet du prétoire Rictius Varus (3), qu'il établit lui-même gouverneur de la Gaule Belgique. Les tyrans ont toujours de ces sortes d'affidés, qui apparaissent tout à coup et semblent sortir de

---

(1) *De mortibus persec.*, cap. XVI.
(2) Euseb., lib. III, c. VI.
(3) Vulgairement Rictiovare.

terre pour servir la férocité du maître, comme ces reptiles malfaisants qui surgissent soudain, dans les grands jours d'orage, pour la désolation et la destruction. Peu de physionomies de bourreau sont aussi infâmes et inspirent autant de répulsion que celle-là.

La résidence du préfet était à Trèves; mais il aimait à se transporter dans tous les lieux de sa juridiction où il pouvait persécuter les fidèles de Jésus-Christ. On pouvait le suivre çà et là aux traces sanglantes que sa cruauté laissait après lui. A Trèves, d'après le Martyrologe romain (1), il mit à mort une grande multitude de chrétiens. A Reims, il fit périr le prêtre Maur, saint Timothée et saint Apollinaire, et un certain nombre de fidèles dont les corps furent retrouvés plus tard, transpercés de broches de fer à la tête et aux bras (2); genre de supplice qui lui était familier. A Fismes, il infligea d'horribles tortures et la mort à la vierge sainte Macre. A Bazoches, il fit décapiter deux membres de la sainte phalange de saint Quentin, saint Rufin et saint Valère. C'est encore lui qui, plus tard, à Soissons, fera souffrir le martyre à saint Crépin et à saint Crépinien.

Ayant appris les merveilleux succès de la pré-

(1) 8 octobre.
(2) *Antiquités religieuses du diocèse de Soissons*, par J.-F.-M. Lequeux.

dication de saint Quentin et les prodiges que faisait cet apôtre dans la ville d'Amiens, il s'y rendit en toute hâte, désirant assouvir sa haine sur une nouvelle et plus éminente victime. A peine arrivé dans la capitale des Ambiens, il ordonne d'arrêter saint Quentin, le fait charger de chaînes et conduire en prison. Le saint Apôtre n'oppose aucune résistance aux émissaires du préfet et se remet entièrement à leur discrétion. Et comme ceux-ci, l'ayant chargé de chaînes, le conduisaient à son cachot, il se mit à chanter, selon que le disent ses Actes, ces paroles du roi David, qu'il continua jusqu'à la fin du psaume : *Leurs pensées sont contre moi, ô mon Dieu, ne me délaissez pas, de peur qu'ils ne s'enflent d'orgueil* (1)... Puis, il ajouta : *Seigneur, délivrez-moi des mains de l'homme pécheur et de l'impie qui méprise votre loi. Car c'est vous qui êtes mon attente, Seigneur, mon espérance dès les jours de ma jeunesse* (2). Admirable prière, pleine de résignation et de confiance! Chant sublime de l'héroïsme chrétien manifestant le calme et la dignité de sa force en face de la barbarie païenne (3).

(1) Ps. cxxxix, 9.
(2) Ps. lxx., 5, 6.
(3) On sait encore à Amiens dit M. Salmon, où était située la prison qui reçut saint Quentin. Elle se trouvait sur la place Saint-Martin, à l'endroit occupé par la maison qui porte le n° 4. Une chapelle y fut érigée autrefois. *Saint Quentin, martyr, second apôtre d'Amiens.* Amiens, Langlois, libraire, 1875.

Dès le jour suivant, Rictiovare résolut de faire comparaître son prisonnier devant lui. Ayant donc fait établir son tribunal dans la salle du conseil ou consistoire, il donna des ordres pour que le bienheureux Quentin lui fût amené, et alors il procéda à son interrogatoire.

On sait que les interrogatoires des martyrs étaient recueillis exactement et à la lettre par les greffiers des tribunaux romains, et que les chrétiens des premiers âges, ou les recueillaient aussi, ou se faisaient un devoir de s'en procurer des copies, qui elles-mêmes étaient transcrites officiellement par les notaires de l'Église (1). Mais les copies passant ensuite de main en main, finirent par être altérées pour la plupart, dans le cours des siècles, par suite des additions arbitraires et maladroites qui y furent faites. Plusieurs copistes se croyaient permis d'ajouter, au texte qu'ils transcrivaient, leurs pensées et leurs réflexions privées. « De là, dit dom Guéranger (2), ces indiscrètes superfétations qui, sans doute, n'attaquaient pas la substance de ces précieux documents, mais qui en rompaient l'unité et parfois le caractère. » Ainsi en fut-il pour les Actes et l'his-

---

(1) Mgr FREPPEL. *Les Pères apostoliques*, 20ᵉ leçon. Paris, A Bray, 1859. Dom GUÉRANGER. *Sainte Cécile*, chap. XVII.
(2) *Ibidem*.

toire du martyre de saint Quentin, dont les copies, à mesure qu'elles se sont multipliées, ont altéré même l'exactitude, et surtout la majesté et la simplicité du récit.

Heureusement, selon que nous l'avons dit dans notre préface, un manuscrit a été conservé à la Bibliothèque nationale, à Paris, dont le texte semble avoir été rédigé peu après l'invention du corps de saint Quentin par sainte Eusébie, vers la fin du IV° siècle. Ce manuscrit, dont les récits sont empreints d'une grande et noble simplicité, a été composé manifestement d'après les documents les plus sérieux et les plus authentiques. C'est ce manuscrit que nous suivons pour la substance de notre récit, et spécialement pour l'exposé des interrogatoires de notre glorieux et illustre patron, saint Quentin. Voici, à la lettre, le premier de ces interrogatoires :

RICTIOVARE.

Quel est ton nom ?

QUENTIN.

Je suis chrétien et je confesse le Christ ; cependant si tu veux savoir mon nom d'une manière plus exacte, je m'appelle Quentin.

RICTIOVARE.

Quelle est ta famille ?

QUENTIN.

Je suis né dans la ville de Rome ; je suis fils de Zénon, sénateur.

RICTIOVARE.

Comment se fait-il qu'étant de si noble naissance et fils d'un tel père, tu te sois livré à une religion si superstitieuse, et que tu adores un malheureux que les hommes ont crucifié ?

QUENTIN.

La liberté et la noblesse consistent à connaître Celui qui a fait le ciel et la terre, et nous a tous créés.

RICTIOVARE.

O Quentin, laisse là cette folie qui te possède et sacrifie aux dieux.

QUENTIN.

Je ne suis pas fou ; je cherche la sagesse. Ceux-là sont fous qui t'écoutent et sacrifient aux dieux. Ils n'ont pas la foi en la vérité et ne connaissent pas le Dieu de justice ; mais ils sont dans les ténèbres et ils brûleront d'un feu éternel.

RICTIOVARE.

Approche-toi maintenant et sacrifie aux dieux. Car, si tu ne le veux point faire, j'en jure par les dieux, je t'accablerai de divers supplices.

QUENTIN.

Et moi, je jure par le Seigneur, *qui a fait le ciel et la terre, la mer, et tout ce qu'ils contiennent* (1), que je ne crains pas tes supplices. Fais au plus vite ce que tu veux (2). Tu as mon corps en ta puissance; mais tu n'as pas mon âme; elle est à Dieu seul qui me l'a donnée.

Qui n'admirerait, dans ces réponses de saint Quentin, le grand et noble mélange de l'antique fierté romaine et de la mâle et invincible fermeté chrétienne ? Le sang du fils de Zénon est bien là mêlé au sang de l'apôtre et du martyr. Ou plutôt le sang de l'apôtre et du martyr a pénétré et purifié le sang du fils de Zénon. Ce qu'il y a de grand dans l'un se trouve relevé et ennobli par l'autre, et le sublime de la parole devient comme familier à cette âme qui s'est habituée au sublime de la pensée et au sublime de l'action.

Rictiovare a usé d'une certaine modération, désirant persuader saint Quentin et lui épargner,

(1) Exod., xx, 11.
(2) Joann., xiii, 27.

à cause de son rang illustre, l'ignominie du supplice. Entendant les dernières paroles du Martyr, si pleines de grande et digne fermeté, il ne peut plus se contenir. Plein de fureur, il ordonne qu'on l'étende immédiatement sur le chevalet, et qu'on lui fasse subir les horreurs de la flagellation. Quatre bourreaux, qui sont successivement relevés par quatre autres, accomplissent les ordres du préfet. Saint Quentin est placé sur cet affreux instrument de supplice dont les pièces diverses, tiraillant violemment ses membres, le tiennent horizontalement suspendu et livrent son corps aux fouets de ses persécuteurs. Les coups pleuvent sur lui ; son corps est déchiré et sa chair vole en lambeaux. Durant ce supplice, qui fut long et cruel, le martyr, les yeux levés au ciel, ne cesse de prier en disant : « *Seigneur, mon Dieu, vous qui connaissez toutes choses avant qu'elles arrivent* (1), je vous rends grâces, par Celui qui est la gloire de votre puissance, de ce que je souffre pour votre saint nom. Mais vous, Seigneur mon Dieu, donnez-moi, tout indigne et tout pécheur que je sois, la force et la vertu auxiliatrice de votre droite, *afin que je puisse demeurer supérieur à tous les traits de l'ennemi* (2); que je confonde, par votre

(1) Daniel, xiii, 41.
(2) Ephes., vi, 15.

ordre, le tribunal du préfet Rictiovare, et qu'ainsi votre nom soit glorifié parmi les nations, *lui qui est béni dans tous les siècles des siècles* (1).

A peine a-t-il achevé cette prière, toujours sous le coup de la flagellation, que du ciel une voix se fait entendre, qui lui dit : « Courage, sois constant ; je serai avec toi (2). » Et aussitôt voilà que ceux qui le flagellaient tombent renversés par terre, sans pouvoir se relever. Ils pensent frapper encore le martyr ; mais ils sont eux-mêmes torturés, et plus cruellement, par les anges de Dieu, et, au milieu de leurs souffrances, ils conjurent à grands cris Rictiovare de vouloir bien les secourir : « Seigneur Rictiovare, disent-ils, ayez pitié de nous. Nous sommes bien plus frappés par les esprits que nous ne frappons nous-mêmes. Un feu intérieur nous dévore ; impossible de nous tenir debout ; à peine pouvons-nous parler (3). »

Ces sortes de punitions sont assez fréquentes dans l'histoire des ennemis de l'Église et des exécuteurs de leurs volontés. Souvent la justice divine s'est vengée à l'instant même et publiquement de ceux qui torturaient ses élus. Elle n'a

---

(1) Daniel, III, 52.
(2) *Acta S. Quintini.*
(3) *Ibidem.*

pas besoin pour cela d'appariteurs en uniforme ou d'exécuteurs armés. La punition, toutefois, n'en est ni moins réelle, ni moins terrible.

Saint Quentin, lui, n'éprouvait aucune douleur ; il ne sentait ni les étreintes du chevalet, ni les coups de fouet de la flagellation, soutenu qu'il était intérieurement par la grâce du Saint-Esprit.

Témoin de cette double merveille, le préfet Rictiovare aurait dû reconnaître son impuissance, et s'incliner humblement devant une force supérieure. Tout au moins aurait-il pu dire, comme ce préfet de Rome, Junius Donatus, lors du martyre récent des deux saintes Rufine et Seconde : « Ou il y a là un art magique qui l'emporte sur nous, ou il y a une sainteté éminente qui règne par ses merveilles (1). » Au contraire, il n'en devint que plus furieux et plus acharné. « J'en jure par les dieux, dit-il, puisque cet homme n'est qu'un magicien et que ses enchantements ont ici le dessus, qu'on le reconduise à la prison et qu'on l'enferme dans le cachot le plus obscur, où il ne puisse ni voir le jour, ni recevoir la visite d'aucun chrétien (2). »

Et, tandis qu'on le conduisait, selon l'ordre de

(1) Claude de la Fons, chap. vii.
(2) *Acta S. Quintini.*

son persécuteur, vers les réduits les plus obscurs du plus profond cachot, saint Quentin, calme et plein d'une suave sérénité, chantait, avec une douce mélodie, ces paroles du Psalmiste : *Arrachez-moi, Seigneur, au pouvoir du méchant; délivrez-moi de l'homme inique. Ils ne songent qu'à tendre des embûches sous mes pieds, ils me livrent tous les jours des combats. Ils ont aiguisé leur langue comme celle du serpent; leurs lèvres distillent le venin de l'aspic* (1).

(1) Psalm. CXXXIX. 1, 2, 3.

CHAPITRE SIXIÈME

SAINT QUENTIN SORT MIRACULEUSEMENT DE LA PRISON. — NOUVELLES CONVERSIONS OPÉRÉES PAR LUI. — DEUXIÈME INTERROGATOIRE. — NOUVEAUX SUPPLICES.

Il n'est pas rare, dans l'histoire des saints, et surtout des martyrs, de voir les prodiges se multiplier comme témoignage de leur sainteté ou de la protection que Dieu veut leur accorder. Le Christ Sauveur n'a-t-il pas promis d'être avec tous ceux qui souffriraient en son nom ? N'a-t-il pas dit qu'il les garderait, qu'il ne laisserait pas tomber un cheveu de leur tête sans sa permission (1) ? Suspendra-t-il l'efficacité de sa parole devant la nécessité d'un prodige ? Non, assurément. Le prodige, d'ailleurs, c'est l'acte propre de Dieu. Nous croyons à la possibilité des prodiges, parce que nous croyons à Dieu, et parce que nous croyons aux saints, qui sont les amis de Dieu.

(1) Luc, XXI, 15.

Au moment où on le plongeait dans l'obscurité de son noir cachot, privé qu'il devait être de toute consolation humaine, saint Quentin mérita, par sa résignation et sa prière confiante, les consolations et la protection de Dieu. Jésus-Christ vint en aide à son Martyr, et ne dédaigna pas de le délivrer au moyen d'un prodige. En effet, la nuit suivante, tandis que le saint livrait au sommeil ses membres meurtris par la souffrance, un ange lui apparut dans une vision, et lui dit : « Quentin, mon serviteur, lève-toi et va au milieu de la ville. Prends courage et fortifie le peuple dans la foi en Notre-Seigneur Jésus-Christ, afin qu'ils croient en lui et se purifient par le baptême. Car voici bientôt pour eux le temps de la Rédemption, et les ennemis du Seigneur, le préfet Rictiovare lui-même, seront confondus (1). » Qui n'admirerait cette touchante et inquiète sollicitude du Christ Sauveur à l'égard de son apôtre, et qui ne sent là le bras et la protection puissante de Dieu, alors qu'apparaissent seulement les misères et les faiblesses de l'homme?

A ces paroles de l'ange, saint Quentin s'éveille et se lève aussitôt. Il franchit, sous la conduite de son messager céleste, le premier et le second postes des gardiens, et va droit au lieu que l'ange lui a

(1) *Acta S. Quintini.*

désigné. Le peuple accourt de toutes parts et l'environne. Alors, élevant la voix, le généreux apôtre exalte le nom du Seigneur qui, en considération de son Fils Jésus-Christ, a daigné faire, par son humble personne, des prodiges nombreux au milieu du peuple (1). Il prêche la pénitence, le retour à Dieu et à Jésus-Christ, Fils de Dieu : « Mes frères, dit-il, écoutez-moi. *Quittez vos voies mauvaises* (2) et soyez baptisés au nom du Dieu tout-puissant, Père, Fils et Saint-Esprit, qui a fait le ciel, la terre, et tout ce qu'ils renferment, au nom du Dieu qui a ressuscité les morts, qui a rendu la vue aux aveugles, guéri les malades, délivré une femme d'une perte de sang, rendu sains les lépreux, fait marcher les paralytiques, qui a changé l'eau en vin à Cana, en Galilée, qui s'est manifesté par des miracles sans nombre, qui n'a jamais délaissé ses serviteurs, mais les a toujours délivrés de leurs tribulations. » Il continua ainsi pendant quelque temps, disent les Actes, à parler des merveilles de Dieu, de la miséricorde de Jésus-Christ et de son amour. Le peuple, profondément ému, l'écoutait avec une grande édification. C'est le privilège des âmes saintes et apostoliques d'impressionner vivement

---

(1) *Acta S. Quintini.*
(2) Zachar., 1, 4.

tous ceux qui les approchent. Par suite de cette exhortation, six cents personnes environ se convertirent à la foi en Notre-Seigneur Jésus-Christ.

Cependant les gardiens de la prison s'étant réveillés et ne trouvant plus le saint Martyr, quoique les portes fussent bien fermées, coururent à sa recherche. Ils l'aperçurent au milieu de la foule, debout et prêchant. A ce spectacle, vivement frappés d'étonnement et d'admiration tout ensemble, ils se convertirent à la foi en Notre-Seigneur et ne craignirent pas de proclamer publiquement la grandeur du Dieu que prêchait saint Quentin. Ils firent plus ; ils allèrent trouver le préfet Rictiovare et lui rendirent compte de ce qui venait d'arriver ; puis, réprouvant le culte des idoles, se moquant des dieux des païens et de leurs adorateurs : « Oui vraiment, dirent-ils, il est grand le Dieu des chrétiens, et c'est en lui qu'il faut croire. Nous l'avons connu par son serviteur Quentin. Quant à vos dieux, sachez qu'ils ne sont que faiblesse et impuissance, eux et tous ceux qui, pour vous plaire, consentent à les adorer. Pour nous, il nous suffit de posséder le seul vrai Dieu, créateur du ciel et de la terre, que son serviteur Quentin nous a fait connaître (1). »

A ces mots, le préfet Rictiovare entra dans une

(1) *Acta S. Quintini.*

violente colère. Éperdu, hors de lui, il s'écria :
« Ainsi donc, vous voilà devenus, vous aussi, des
sorciers et des magiciens. — Non, répondirent
les gardiens, avec une sainte fermeté, nous ne
sommes pas des magiciens, mais des adorateurs
de l'unique et vrai Dieu, qui a fait le ciel et la
terre, la mer, et tout ce qu'ils renferment. —
C'est une folie, reprend Rictiovare, c'est une
crédulité sans raison. Allez, retirez-vous bien
loin, esprits sots et insensés. »

Les gardiens ne se firent pas répéter l'injonction ; ils se retirèrent au plus vite, et Rictiovare n'eut garde de les empêcher. La constance du glorieux martyr saint Quentin le préoccupait. Il eût voulu le mettre à mort sans plus tarder, comme tant d'autres victimes qui n'avaient pas trouvé grâce devant les emportements de sa colère. « Si je ne le fais périr, s'écriait-il en frémissant, si je n'efface son nom de la terre, il séduira le peuple, et le culte des dieux sera abandonné. » Mais, d'autre part, la noblesse de saint Quentin, son rang, son titre de citoyen romain arrêtaient ses fureurs. Il craignit même, s'il condamnait tout aussitôt le saint Martyr, qu'on n'attribuât cette condamnation plutôt à un sentiment de cruauté qu'à un sentiment de justice. Il fit donc comparaître de nouveau le noble prisonnier devant son tribunal, et, prenant un langage doux et insinuant, il eut avec lui le dialogue suivant :

RICTIOVARE.

Je rougis et je suis confus pour ta noblesse. Comment la folie s'est-elle emparée de toi à un tel point que, des immenses richesses qui furent à toi et à tes parents, tu aies tout abandonné pour apparaître ainsi comme un pauvre et un mendiant ? Écoute enfin un conseil salutaire. Approche-toi et sacrifie aux grands dieux qui soutiennent le ciel. Je te conférerai une haute dignité ; je ferai demander à notre empereur très-sacré qu'il te rende toutes les richesses que tu as abandonnées, que tu puisses être vêtu de pourpre et de lin, que tu reçoives de grands honneurs, et que tu sois orné de la ceinture d'or.

QUENTIN *(indigné, se servant de ces expressions qui sont fréquemment employées dans l'Écriture* (1) *contre les fourbes et les hypocrites)* :

Loup ravissant, esprit dévoyé, qui sembles ne

(1) *Acta apostol.*, XIII. *In Evang.*, *passim*. On comprend cette réponse de saint Quentin aux propositions insidieuses et hypocrites de Rictiovare. Le chrétien, dit admirablement Mgr Pie, a des haines énergiques comme ses amours ; il exècre l'enfer et tout ce qui est de l'enfer, comme il aime Dieu et ce qui intéresse Dieu. *Œuvres de Mgr Pie,* tome IV.

pas avoir plus d'intelligence qu'un chien en fureur; penses-tu donc triompher, par l'appât de l'or, de la grâce de Dieu ? *Que tes richesses périssent avec toi* (1). Pour moi, tu ne me feras pas abandonner la foi en Notre-Seigneur Jésus-Christ, que je possède depuis mon enfance. Tu ne sais donc pas, infortuné, que celui-là n'est pas pauvre qui est mendiant du Christ. Ses richesses sont éternelles, et il possédera la vie qui ne finit pas, dans le siècle futur. Quant à ta puissance et à celle des tiens, elle est fragile et aveugle; vos honneurs ne durent qu'un temps. Mais l'honneur que donne le Christ à ceux qui l'aiment sera sans fin et durera toujours.

RICTIOVARE.

Ainsi donc, tu persistes dans ta détermination, et tu aimes mieux mourir que vivre.

QUENTIN.

Ce n'est pas là mourir; mais si je suis constant à souffrir les tortures que tu me feras subir, alors je commencerai à vivre.

RICTIOVARE.

J'en jure par les grands dieux; je vais te faire punir à l'instant.

(1) *Act. apost.*, VIII, 20.

QUENTIN.

Le Seigneur est avec moi. Que pourrais-je donc craindre de tout ce que l'homme voudra me faire (1)?

Alors Rictiovare, dont la fureur ne faisait que s'accroître, ordonna d'infliger au généreux Confesseur du Christ ces affreux supplices, dont l'horreur et la diversité firent de son martyre l'un des plus douloureux et des plus admirables que les annales de l'Église nous aient conservés. Sur l'ordre du tyran, saint Quentin fut de nouveau placé sur le chevalet, et ses membres furent tiraillés de telle sorte, au moyen de poulies, qu'ils étaient tout disloqués et sortaient de leurs jointures. On le déchira violemment au moyen de râteaux ou ongles de fer, on lui versa sur le dos de l'huile bouillante, de la poix et de la graisse fondues : on lui appliqua sur les côtés des torches ardentes.

Au milieu de son supplice, le saint Martyr, qui n'avait cédé ni aux promesses, ni aux menaces, demeurait invincible et défiait toutes les angoisses de ce feu matériel et toutes les tortures qui étaient employées contre lui. Le feu de l'amour divin, dont il était embrasé, animait et soutenait sa constance. Il en vint jusqu'à dire à son tyran, lui re-

(1) Psalm., cxvii, 6.

prochant son inhumanité et sa cruauté : « O juge sans entrailles, homme plein d'iniquité, sache donc que tous ces tourments ne me causent aucune douleur; ils sont pour moi comme un rafraîchissement *semblable à la rosée qui descend du ciel sur l'herbe* (1). Irrité de ces paroles, Rictiovare n'y répondit que par des accès nouveaux de fureur : « Qu'on apporte, s'écria-t-il, de la chaux, du vinaigre, de la moutarde, et je les lui verserai moi-même dans la bouche, afin qu'il se taise et ne séduise pas plus longtemps mon peuple. » Et saint Quentin, se laissant administrer cet affreux breuvage, disait : *Que tes paroles sont douces à mes lèvres, Seigneur, oui, et plus agréables que le miel le plus exquis* (2)!

Le tyran était confondu. Voyant que toutes les inventions de sa cruauté restaient inutiles contre la foi de l'intrépide athlète, il ajouta le serment à la menace : « Je jure, s'écria-t-il, par mes grands et puissants dieux, Esculape, Jupiter et Mercure, le Soleil et la Lune, que je te ferai conduire à Rome, chargé de chaînes. Là, tu seras soumis aux plus cruelles tortures, en présence de l'empereur à qui tu as échappé par ta fuite. » Ainsi montrait-il qu'il était très-embarrassé de la constance admi-

(1) Prov., XIX, 12.
(2) Psalm. XXIV, 4.

rable et du courage invincible de son prisonnier. Il hésitait d'ailleurs, ne sachant s'il lui était permis de décerner la peine capitale contre un citoyen romain, fils de sénateur. Saint Quentin répondit avec calme : « Là-bas, comme ici, se trouve le Seigneur qui triomphera de toute fureur. Mais j'ai la confiance que c'est ici, dans cette province, que je terminerai ma laborieuse carrière (1). »

Rictiovare n'en ordonna pas moins aux soldats de charger de lourdes chaînes le cou et les membres meurtris du Martyr. Puis il leur dit : « Allez, gardez-le avec soin et conduisez-le là où je vous suivrai. » Et ils se mirent en marche. Et saint Quentin chantait ces paroles des psaumes : *Seigneur, faites-moi connaître vos voies, enseignez-moi vos sentiers* (2). *Conduisez-moi, Seigneur, dans votre voie, et je marcherai dans votre vérité. Que mon cœur se réjouisse, ô mon Dieu, et qu'il craigne votre nom* (3), qui est béni dans tous les siècles !

(1) *Acta S. Quintini.*
(2) Psalm. xxiv, 4.
(3) Psalm. xcv, 10.

CHAPITRE SEPTIÈME.

SAINT QUENTIN A AUGUSTA VÉROMANDUORUM. — DERNIER INTERROGATOIRE. — AUTRES SUPPLICES. — SA MORT.

Il y a, dans tout homme, un trait plus ou moins saillant qui le caractérise et semble résumer ses penchants, ses qualités, ses œuvres, sa vie entière. Dans les uns, c'est la bonté ; dans d'autres, la prudence ; dans certains, la charité, le dévouement, ou bien le zèle, avec son initiative généreuse et sa spontanéité. Le trait caractéristique de saint Quentin (on a pu en juger d'après les récits précédents), c'est la force.

Tous les martyrs ont été forts au milieu des tortures qui leur étaient infligées. Déchirés par les ongles de fer ou par les coups de fouet, broyés sous la roue, brûlés par les flammes ardentes, ils affirmaient hautement la force qui était en eux, et la vertu toute-puissante du Dieu qui les animait. Mais saint Quentin, comme le chantaient nos pères, a été tout particulièrement doué du don de la force. Ne reste-t-il pas nommé par les siècles, le grand, le très-glorieux athlète du Christ, le très-victorieux et très-remarquable soldat, le très-puissant martyr, la fleur, la perle des martyrs (1). Et voilà ce qui a jeté nos pères aux pieds de l'invincible Confesseur de Jésus-Christ. Car rien n'attire davantage notre respect et notre admiration que la force. Elle est la vertu des grandes âmes, des cœurs héroïques ; elle nous fait honte de nos déchéances et de nos bassesses, et nous pousse aux nobles résolutions, aux actions généreuses.

L'exemple de la force est le plus salutaire qui puisse encore nous être donné aujourd'hui. Quel abaissement dans les caractères ! Quelle petitesse de vues, de conceptions ! Quel servilisme d'appréciations et de jugements ! Quelle lâcheté de conduite ! Serait-ce en vain que les martyrs auraient été si pleins de courage, et que saint Quentin, tout particulièrement dans notre pays, resterait le modèle d'une force, que nous devons être prêts à imiter dans toutes nos œuvres ? N'est-il pas nôtre, d'ailleurs, par ses dernières souffrances, par sa mort, par la protection qu'il veut étendre sur nous ?

(1) Offices de saint Quentin, dans les anciens bréviaires de Noyon et de l'Église de Saint-Quentin.

O admirable disposition des desseins de Dieu! Ce n'était pas, en effet, à Amiens que l'illustre soldat de Jésus-Christ devait consommer son martyre, ni même à Rome, où son persécuteur semblait vouloir l'envoyer. Une ville, décorée elle aussi du titre d'Augusta, ville municipe, capitale des Véromandues (1), et remarquable par son antiquité, son importance et ses prérogatives, était destinée à recueillir le dernier soupir de l'apôtre, et, teinte de son sang, à prendre plus tard son nom et à le porter par les siècles. Augusta, tu seras plus connue par le nom de ton Martyr que par le nom reçu autrefois des empereurs, tes maîtres.

C'est vers cette ville, la cité de nos ancêtres, que saint Quentin et son escorte se dirigent, suivant l'injonction du préfet Rictiovare, qui bientôt devra les y rejoindre. Ils prennent, pour s'y rendre, la grande voie romaine, ouverte trois siècles auparavant par le gouverneur des Gaules, Agrippa; toutefois, ils ne la suivent pas dans son parcours direct. Des indices assez nombreux nous donnent lieu de penser que, parvenus à Villers-Carbonnel, l'escorte et son auguste prisonnier se dirigèrent vers le camp de Vermand, par l'embranchement de Quiquery et Quivières, localités où l'on a conservé le souvenir du passage de saint Quentin.

(1) Vulgairement, Auguste de Vermandois.

Ah! qu'elles le conservent, et longtemps, ce souvenir auguste, les localités par lesquelles l'illustre Martyr a passé autrefois, répandant au milieu d'elles la bénédiction ! Qu'elles gardent, dans leurs traditions toujours populaires, la mémoire de ces faits merveilleux qui signalèrent, selon les vieilles chroniques, le trajet que fit alors saint Quentin, depuis Amiens jusqu'à Auguste de Vermandois ! Nous ne voulons pas discuter ici la valeur de ces chroniques, persuadé, d'une part, que, dans bien des légendes, l'amour du merveilleux a pu concourir à orner et à amplifier les récits primitifs, mais convaincu, de l'autre, que, d'après une disposition spéciale de la Providence, le miracle a bien pu éclater, et a éclaté souvent, à chaque pas, dans la vie des premiers missionnaires de la foi. Qu'elles nous servent au moins ces légendes, et qu'il nous soit permis de les tenir, comme un indice de la voie qu'a dû suivre saint Quentin pour venir d'Amiens à la ville capitale de nos ancêtres.

Voici les traditions principales que nous ont conservées, sur ce long et pénible trajet, les vieilles chroniques de nos contrées·

A Bayonvilliers, en Santerre, un homme important du lieu, nommé Bayon, ayant pu obtenir d'être revêtu de la tunique du Saint, toute trempée de sueur (d'autres disent, de s'appliquer simplement les linges qui lui avaient servi), fut à l'instant guéri d'une lèpre hideuse dont il était affecté. A Quivières, un bourrelier du pays, qui avait fourni des courroies pour lier plus fortement le Martyr, en fut puni ; et, depuis ce temps, selon une tradition constante et encore justifiée aujourd'hui, tout bourrelier croit ne pouvoir, sans risque pour sa vie, s'établir à Quivières. Même tradition pour Marteville, près Vermand, où l'on prétend qu'auraient été forgées, soit les broches de fer qui devaient bientôt transpercer le martyr, soit des chaînes nouvelles, pour renforcer celles dont il était chargé. C'est aussi une croyance constante qu'aucun maréchal n'a pu depuis se fixer à Marteville sans péril pour ses jours ; et les maréchaux qui viennent du dehors pour y travailler, se gardent bien d'y passer la nuit. A Vermand, que le saint martyr traversa avant de descendre à Marteville, on a conservé, par l'établissement d'une petite chapelle, naguère restaurée, la tradition de l'endroit où saint Quentin se reposa quelques instants sur la voie romaine.

Dans le château de Marteville, où les soldats le firent stationner et l'enfermèrent momentanément, et, aussi, dans le bois d'Holnon, près Vermand, sur le penchant d'une montagne assez élevée et à proximité de la voie romaine, la tradition porte que le Saint, épuisé de fatigue et de chaleur, fit jaillir, par un miracle deux fois renouvelé, une fontaine miraculeuse pour étancher sa soif. Une tradition semblable existe relativement à la prison dans laquelle le Saint fut enfermé, à son arrivée à Auguste de Vermandois. La fontaine du bois d'Holnon se voit encore aujourd'hui et est très-fréquentée. On y va surtout en pèlerinage le jour de l'Ascension. Pour ce qui est de ces fontaines et de quelques autres dont nous aurons plus tard à parler, nous tenons assurément qu'elles peuvent avoir été miraculeuses et avoir jailli sous la prière puissante du Saint suppliant Dieu; nous pensons aussi que quelques-unes ne sont qu'un simple souvenir, se rattachant au passage du Saint, et ayant pu devenir, par suite de la dévotion des fidèles, l'occasion de faveurs surnaturelles (1).

Parvenu à Auguste de Vermandois, où ses gardiens avaient reçu l'ordre de le conduire, saint Quentin fut enfermé, en attendant l'arrivée du préfet Rictiovare, dans une prison située en-dehors de la ville, sur le haut de la colline alors inhabité. Cette prison, dit Paul Colliette (2), changée

(1) Voir, dans la *Vie de saint Quentin*, publiée par M. Gobaille, la note 1 de la page 32.
(2) *Mémoires du Vermandois*, livre II.

maintenant en une maison d'habitation, s'appelle le *Petit-Saint-Quentin*. La maison bâtie sur l'emplacement de la prison forme actuellement l'angle de la rue Saint-Martin et de la rue du Palais-de-Justice. Elle garde dans sa muraille, au-dessus de la porte d'entrée, un bas-relief de 1732, représentant une des scènes du martyre de saint Quentin, celle où les bourreaux enfoncent de longues broches dans les épaules du Saint (1).

Le farouche préfet, étant arrivé le jour suivant, fit comparaître saint Quentin devant lui, et, s'efforçant encore de le gagner par de flatteuses promesses :

« Quentin, mon frère, lui dit-il, tu vois comme je suis patient à ton égard; consens à m'obéir. Sacrifie seulement aux grands dieux Jupiter et Apollon; et, si tu ne veux pas retourner à Rome, je te comblerai de richesses dans cette province. J'enverrai même un rapport à l'empereur, pour qu'il t'établisse prince et juge dans cette cité.

« — Je te l'ai déjà dit plusieurs fois, répond saint Quentin, je ne sacrifie point aux dieux, qui ne sont pas pour moi le Dieu créateur du ciel et de la terre. Qu'ils périssent, eux et tous ceux qui les servent! Ce sont de vains ouvrages sortis de

---

(1) M. Ch. GOMART. *Histoire de Saint-Quentin*, tome Ier. — *Études saint-quentinoises*, tome III.

mains d'hommes, sans ouïe, sans souffle, sans mouvement, qui n'ont point la parole, et en qui l'Esprit-Saint n'est pas. *Que ceux-là leur deviennent semblables*, dit le Prophète (1), qui les fabriquent, ou qui mettent en eux leur confiance ! »

Rictiovare, voyant l'inutilité de ses fallacieuses promesses, et s'apercevant même qu'elles ne faisaient qu'affermir davantage le Martyr dans sa sainte et héroïque constance, brûlant d'ailleurs du désir de lui infliger de nouveaux et plus cruels tourments, fit venir un forgeron et lui ordonna de préparer les deux longues broches de fer destinées à transpercer le généreux Confesseur de la foi, depuis le haut des épaules jusqu'aux reins, et les dix clous ou pointes de fer qui devaient être enfoncés dans les doigts de chaque main, entre la chair et les ongles. Cet ordre fut exécuté fidèlement. On plaça alors le saint Martyr sur la chaise à tortures, qui, selon certains dessins antiques, était un grossier fauteuil en bois, dont le dossier, en forme de croix de Saint-André, retenait les bras cloués du patient, tandis que les jambes étaient elles-mêmes clouées au siège du fauteuil; ou, selon d'autres, un simple banc, garni à droite et à gauche de deux planches surmontant le siège, et dans les trous desquelles les mains du

(1) Ps. CXIII, 16.

supplicié étaient passées et assujetties. On lui enfonça ensuite les broches dans les épaules, les clous brûlants entre les ongles et la chair des mains.

Pendant toutes ces tortures, le cruel préfet exhalait sa rage, en s'écriant : « Tuez-le, et que son supplice serve d'exemple aux autres chrétiens. » Il ne savait pas, le malheureux, que les supplices, même les plus horribles, servaient, comme dit Tertullien, d'appât aux fidèles, et les attachaient plus fortement à la foi de Jésus-Christ. Il ignorait même (et pourtant la conversion récente de plusieurs de ses soldats aurait dû l'en instruire) que les supplices des martyrs étaient, pour beaucoup d'idolâtres, l'occasion d'embrasser la foi et la pratique chrétienne. « Car, comme le dit encore le docte prêtre de Carthage, qui pourrait assister à ce spectacle sans éprouver le désir de sonder le mystère qu'il renferme? Et le mystère une fois sondé, il n'est pas d'homme qui, à l'aspect de cette héroïque patience, ne se sente pressé d'examiner la vérité, et, l'ayant examinée, de l'embrasser aussitôt qu'il l'aura connue (1). »

Enfin, comme il ne savait plus quels supplices inventer pour les faire subir au généreux Confesseur de la foi, désirant clore la série de ces

---

(1) TERTULL. *Apolog.*, L; *ad Scapulam*, v.

affreuses tortures par une condamnation capitale, Rictiovare prit l'avis d'un certain Sévérus Honoratus, un de ces conseillers obscurs que les préfets romains conduisaient avec eux, pour leur faire rédiger, conformément aux lois, les arrêts qu'ils portaient. Puis, il prononça contre saint Quentin la sentence de mort, le condamnant à être décapité, pour avoir violé les édits des empereurs et méprisé les dieux et la religion ; crimes ordinaires reprochés à ceux que, d'ailleurs, on estimait n'être coupables d'aucun autre crime. L'exécution de la sentence devait avoir lieu de suite, à l'endroit le plus élevé de la montagne qui dominait la ville.

Le généreux athlète du Christ se met en marche pour le lieu de son supplice, escorté, comme c'était l'usage, et comme les gouverneurs romains étaient bien obligés de le permettre (1), par la

(1) On sait que, dès les temps apostoliques, les fidèles se faisaient un devoir d'accompagner les martyrs jusqu'au lieu de leur supplice. « Ce concours avait lieu sans cesse, nous dit dom Guéranger (*Histoire de sainte Cécile*), et les Actes les plus authentiques en font foi... Ainsi saint Paul, entraîné le long de la voie d'Ostie, était suivi par un groupe de chrétiens qui s'étaient joints à l'escorte du condamné. » Pendant le trajet, les fidèles s'unissaient à la prière et à la profession de foi des martyrs, les félicitaient, les encourageaient, se recommandaient à eux. Puis, au moment du supplice, ils recueillaient leur sang dans des fioles ou dans

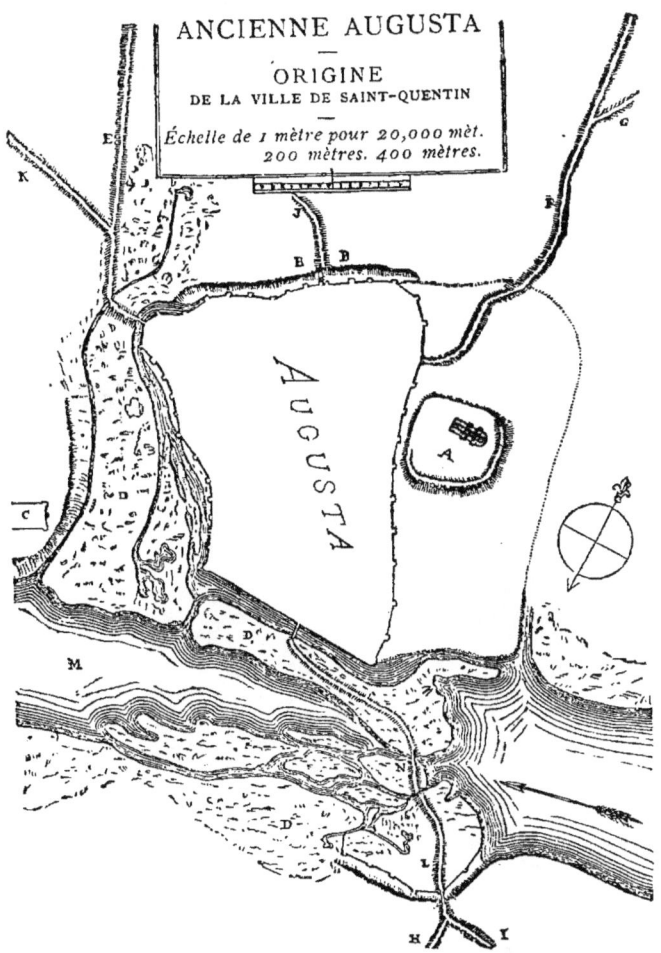

A. *Vicus Sancti Quintini.*
B B. Sépultures Romaines
C. Château.
D. Marais.
E. Voie d'Amiens.
F. Voie de Cambrai.
G. Voie de Bavai.
H. Voie de Soissons.
I. Voie de Reims.
J. Chemin de Péronne.
K. Chemin de Ham.
L. Basse-Ville.
M. Somme, rivière.
   Voie de Laon.
N. Puits où furent trouvées les reliques de saint Quentin.

multitude des fidèles, qui voulaient s'unir jusqu'au dernier moment à leur Apôtre, et recueillir l'exemple et le fruit de ses dernières souffrances. Ainsi ont toujours marché à la mort les ouvriers des grandes rédemptions, victimes précieuses auxquelles Jésus, le Rédempteur sacré, a voulu accorder à l'heure suprême, avec la fécondité du sacrifice, l'appareil extérieur du triomphe. Il monte, ainsi accompagné, les rues de la ville qui, du prétoire, conduisent à l'une des portes septentrionales, traverse la voie romaine (1), et ar-

des linges et des éponges qu'ils avaient apportés. On montre encore, à Rome, dans l'église Sainte-Pudentienne, bâtie sur l'emplacement de la maison de la sainte, les puits où elle recélait respectueusement les linges qu'elle avait imbibés elle-même du sang des martyrs. Vers la fin du IIIe siècle, comme les Actes du martyre de saint Cyprien nous l'attestent, le nombre des chrétiens s'étant beaucoup augmenté, les fidèles venaient en foule assister au supplice des athlètes du Christ. Ainsi en fut-il encore au commencement du IVe siècle, lors de la dernière persécution, et nous aimons à penser, quoique les Actes ne nous en disent rien, qu'il en fut de même lors du martyre de saint Quentin.

(1) Selon que le dit M. Ch. Gomart, dans ses *Études saint-quentinoises*, « la ville d'*Augusta Veromanduorum*, défendue par les eaux de la Somme à l'ouest et au midi, protégée par des remparts en terre, avec palissades en bois et fossés, à l'est et au nord, couvrait, sous la domination romaine, les portions de la ville qui correspondent au quartier d'Isle (formé de plusieurs îles entourées par la Somme), et aux quartiers Saint-Thomas, Sainte-Catherine et Pontoile de la ville actuelle. » Au-dessus de l'*Augusta*, était le quartier

rive au haut de la montagne, sur l'emplacement même où s'élève aujourd'hui la splendide Basilique érigée en son honneur. Parvenu à cette dernière station de sa vie terrestre, le saint demande aux bourreaux de le laisser prier quelques instants. Cependant les fidèles se sont agenouillés et s'unissent à sa prière. Quelques-uns ont étendu des linges autour de lui pour recueillir son sang précieux. Et le Martyr, prosterné la face contre terre, disait : « Seigneur Jésus-Christ, lumière véritable, *qui êtes et qui étiez* (1) avant la création du monde, *vous qui avez mesuré la terre dans le creux de votre main, et qui, dans cette main étendue, avez mesuré les cieux* (2) ; vous qui amenez les nuées des extrémités de la terre et qui tirez les vents de vos

---

qui devint plus tard le *Vicus Sancti Quintini*, ou la ville nouvelle, séparée de l'ancienne par une voie romaine, et dont le contour existe déjà dès le IVe siècle, comprenant l'emplacement que décrivent aujourd'hui, comme périmètre, la Grand'Place, les rues Croix-Belle-Porte, du Gouvernement, du Collège et de la Sellerie. C'est dans ce contour, et au lieu précis où est la basilique actuelle, que fut décapité saint Quentin.

Certains prétendent que cette partie haute de la montagne était occupée, au IVe siècle, par un camp ou une forteresse, au sein de laquelle se trouvait un temple dédié à Mercure, et que la dernière scène du martyre de saint Quentin eut lieu dans cette forteresse et près de ce temple. Nous n'avons trouvé aucun document sérieux qui appuie cette opinion.

(1) *Apocal.*, 1, 8.
(2) Isaïe, XL, 12.

trésors ; *vous qui faites lever votre soleil sur les bons et sur les méchants, et qui faites pleuvoir sur les justes et sur les injustes* (1) ; je vous en supplie, plein de confiance en votre vérité sainte, ô Christ, que je confesse, dont je garde la foi, que je désire bientôt voir, et à qui je me suis donné de tout mon cœur et de toutes mes forces. *Recevez mon esprit* (2). N'abandonnez pas mon âme pour toujours, ô Christ, qui régnez dans les siècles des siècles. »

Ayant achevé cette suprême et touchante prière, le saint Martyr releva son front jusqu'ici abaissé, puis, se tournant vers ses bourreaux et leur présentant le cou, il leur dit : « Faites maintenant ce qui vous est ordonné. » Et l'un d'eux, tirant son épée, lui trancha la tête. Et son sang sacré coula tout le long de son corps, et se répandit sur les linges préparés par les fidèles. Au même instant, rapportent les Actes, on vit sortir de son cou comme une colombe blanche, figure de son âme, qui, par un libre et rapide essor, s'éleva jusque dans les cieux. Et une voix descendait du ciel qui disait : « Quentin, mon serviteur, *viens et reçois la couronne que je t'ai préparée* (3). Que mes anges te prennent et te conduisent dans la céleste Jéru-

(1) Matt., v, 45.
(2) *Act. apost.*, vii, 58.
(3) Matt., xxv, 34.

salem (1). » Mort pleine de gloire et de fruits précieux ! Neuf ans après, les persécutions avaient cessé. Constantin, vainqueur de Maxence, montait sur le trône impérial, et la religion chrétienne avec lui. Selon la belle parole, tombée elle aussi des cieux, au moment où se consommait, dans ces mêmes années, le supplice d'un autre martyr des Gaules, saint Victor de Marseille, le christianisme, par les généreux athlètes de sa foi, était partout vainqueur. *Vicisti, Victor, vicisti* (2). La religion chrétienne n'avait qu'à se manifester dans sa force et à montrer, dans la paix et la tranquillité, combien était considérable le nombre de ses enfants.

Il importait à Rictiovare, il a toujours semblé important aux persécuteurs, de faire disparaître, par n'importe quels moyens, les victimes de leur cruauté. Tantôt ils livraient aux flammes leurs ossements vénérables, tantôt ils ensevelissaient au plus profond des fleuves leurs dépouilles chastes et sacrées; « non contents, dit saint Eucher (3), de faire périr l'homme, mais s'acharnant aussi contre l'humanité. Insensés et inconséquents, continue ce saint docteur, qui croyaient ainsi,

(1) Paroles de la liturgie, à l'office des morts.
(2) *Acta sancti Victoris*.
(3) *Homilia in sanctam Blandinam*.

mais bien faussement, éteindre la mémoire de ceux dont ils avaient propagé la gloire ! » Rictiovare fit donc garder jusqu'à la nuit le corps de saint Quentin; puis, il ordonna que, le soir, à la faveur du silence et de l'obscurité, on le jetât, surchargé de plomb, dans la Somme, et qu'on le couvrît de terre et de vase, pour le maintenir ainsi au plus profond du fleuve.

Dieu veille sur ses saints, et il garde tous leurs ossements, dit l'Écriture. *Custodit Dominus omnia ossa eorum* (1). Pendant cinquante-cinq ans, cette dépouille vénérable et précieuse restera ensevelie dans le silence des eaux; mais les eaux la conserveront pure et sans corruption. Au moment où Dieu le voudra permettre, elle remontera au-dessus de l'abîme, fraîche et exhalant une suave odeur, manifestant, dans l'intégrité de sa chair, quelque chose de cette gloire immortelle dont l'âme, qui lui a été unie, jouit dans les cieux.

(1) Psalm. XXXIII, 21.

CHAPITRE HUITIÈME

LES COMPAGNONS DE SAINT QUENTIN. — LEUR APOSTOLAT
ET LEUR MORT. — PUNITION DE RICTIOVARE.

Nous serions incomplet, si, à l'exposé de la force invincible et au récit des œuvres apostoliques de notre illustre martyr saint Quentin, nous n'ajoutions quelques détails sur ses onze compagnons, les missions qu'ils ont fournies, les supplices qu'ils ont endurés. Aussi bien étaient-ils voués à la même œuvre, dans la même contrée. Saint Quentin a cueilli, l'un des premiers, la palme du martyre, répandant son sang pour que la vie religieuse s'accroisse au milieu de nous avec une plus triomphante énergie. Mais à côté de lui se trouvaient d'autres lutteurs qui cueillirent aussi cette palme, ayant versé leur sang pour le même but et avec la même libéralité. Quel a été le fruit de leurs travaux ? Au prix de quels supplices ont-ils acheté les âmes qu'ils ont gagnées à la foi de Jésus-Christ ? Nous devons le dire d'après les quelques documents qu'il nous a été possible de recueillir.

Cinq des compagnons de saint Quentin, on le sait, s'étaient dirigés, en quittant Lutèce, vers les contrées septentrionales de la Gaule. C'étaient saint Eugène, saint Chrysole et saint Piat, qui s'avancèrent vers le pays de Lille et de Tournai, saint Victorice et saint Fuscien, qui se rendirent au territoire de Thérouanne, en Morinie.

De l'apostolat de saint Victorice et de saint Fuscien nous savons peu de chose. La tradition nous dit qu'ayant converti un grand nombre d'infidèles, ces deux saints confesseurs de Dieu vinrent à Amiens pour conférer avec saint Quentin, et lui rendre compte de leur mission. Mais le glorieux apôtre du Christ avait déjà quitté Amiens; il avait même consommé son martyre. Reçus avec empressement dans la demeure d'un vieillard, appelé Gentien, en la bourgade de Sama, à deux lieues environ d'Amiens, ils y furent bientôt découverts par les émissaires du préfet Rictiovare. Gentien, qui refusa de livrer ses hôtes, fut martyrisé le premier sur le seuil de sa maison. Fuscien et Victorice furent conduits au tribunal de Rictiovare et tourmentés cruellement. On leur enfonça des broches de fer rouge dans les oreilles, les narines et les tempes; on leur arracha les yeux; on les perça de flèches. Et comme ils respiraient encore, le tyran, à titre de dernière scène de cet affreux supplice, ordonna qu'on leur tranchât la tête. Les vieilles chroniques nous disent qu'en ce moment les saints martyrs se relevèrent d'eux-mêmes, prirent chacun leur tête entre leurs mains (1) et la portèrent en la maison de Gentien, afin de n'être pas séparés de cet hôte fidèle qui s'était exposé à la mort pour les sauver.

L'*Histoire de Tournai*, par Jean Cousin (1619), nous fournit sur saint Piat, saint Eugène et saint Chrysole, des documents précis et très-intéressants.

Saint Piat, après avoir évangélisé le pays de Chartres sans beaucoup de succès, avait rejoint à

(1) Ce fait miraculeux, que nous trouvons dans les Actes de plusieurs saints Martyrs paraîtra d'autant plus étonnant qu'il est plus multiplié dans les récits d'une même époque ou d'une même contrée. Ainsi nous le lisons dans les Actes de saint Piat et de saint Chrysole, dont nous allons parler, dans les récits du martyre de saint Lucien de Beauvais, de saint Denys de Paris, etc. Dieu sans doute a bien pu manifester, par un même acte de sa toute-puissance, la sainteté et la gloire acquise de ses serviteurs. Mais toutefois, de ce que cet acte est si souvent rapporté dans un même pays ou dans un même temps, n'y a-t-il pas

Lutèce la sainte phalange apostolique ; puis de là s'était rendu à Tournai, accompagnant jusqu'à Amiens saint Lucius et saint Quentin. En moins de deux mois, il convertit de nombreux païens à la foi chrétienne, établit une église dans la maison d'un de ses premiers convertis, Irenæus, église où il plaça un baptistère, et où les offices divins étaient célébrés et les sacrements étaient administrés. C'est aujourd'hui l'église Notre-Dame de Tournai. Mais bientôt il fut arrêté, lui aussi, et mis en prison, par ordre de Rictiovare.

Voyant arriver les soldats, au moment où il prêchait sur la place de Tournai, il dit à son peuple : « Voici, mes très-chers frères et enfants, voici le Dieu vivant, Jésus-Christ, qui, ayant pitié de ma vieillesse, m'amène les ministres de ma mort, pour que mon âme, séparée de mon corps, retourne plus librement à son Créateur. Mais je vous le demande et je vous en supplie,

lieu de penser, comme le dit Mgr Freppel, que des légendaires peu scrupuleux, pour donner, dans le cours des âges, de l'éclat à leurs héros, ont attribué à plusieurs saints le fait d'un seul ? Notons aussi que parfois, « quoique le fait ait été très-rare, » dit le père Cahier, les peintres et les sculpteurs, pour représenter le supplice de la décollation, ont placé la tête du martyr dans ses mains. De là, dans l'opinion populaire, la conviction d'un acte merveilleux, là où il n'y avait que l'emblème et la figure d'un supplice bien connu.

mes chers enfants, conservez bien la foi que vous avez reçue et en laquelle vous persévérez jusqu'ici. Ne craignez point les hommes, restez sourds aux promesses; aimez Jésus-Christ, recommandez-vous à lui. Et aussi remerciez-le pour moi, puisqu'il veut bien combler mes vœux en hâtant le jour de ma vocation, jour où je puis aller à lui pour vivre dans son sein pendant les siècles des siècles. » Puis, après s'être mis à genoux et avoir prié Dieu, il sortit de Tournai avec nombre de chrétiens, obéissant en cela à la parole de Notre-Seigneur : *Quand on vous persécutera dans une ville, fuyez dans une autre.* Bientôt on se saisit de lui, on l'accabla de divers tourments, entre autres des tourments qui étaient familiers au tyran Rictiovare. On lui enfonça des clous brûlants entre les ongles et la chair des mains, puis on lui trancha la tête, qu'il ramassa et porta jusqu'à Séclin, lieu choisi par lui pour sa sépulture. Ses reliques sont encore conservées à Séclin, au diocèse de Cambrai.

Saint Chrysole et saint Eugène, qui tous deux furent honorés du caractère épiscopal, semblent avoir évangélisé plus particulièrement le pays de Lille, bien qu'ils se soient répandus aussi sur le territoire de Tournai, où prêchait l'apôtre saint Piat. La partie du pays de Lille, qu'on a appelée plus tard la *Châtellenie*, fut le lieu privilégié des prédications de saint Eugène. Selon que le dit l'historien de Tournai, Jean Cousin, « saint Chrysole, lui, prêcha en plusieurs quartiers, retirant beaucoup d'âmes de la servitude du démon et des erreurs et péchés du paganisme. » Toutefois il revenait souvent près de Lille, et la tradition porte qu'il fut martyrisé non loin de cette dernière ville, à deux lieues environ, au village de Verlengehem. Les bourreaux lui firent subir une foule de mauvais traitements, le conspuèrent, la flagellèrent, et enfin lui tranchèrent le sommet de la tête, et sa cervelle se répandit de tous côtés autour de lui. Mais le saint, ayant ramassé la partie de sa tête qui avait été tranchée, la porta jusqu'au bourg de Comines, la déposa sur l'autel, puis rendit doucement son âme à Dieu.

Resté seul, saint Eugène continua ses missions apostoliques, sans être trop inquiété par les émissaires de Rictiovare. Il se chargea même des chrétientés qu'avaient évangélisées saint Piat et saint Chrysole ; d'où lui est venu le nom d'Apôtre de Lille et de Tournai. Il mourut à Séclin, où ses restes précieux furent longtemps conservés. Depuis l'année 1067, ils étaient dans l'église collégiale de saint Pierre de Lille. Au moment de la grande révolution, ils furent violés et disparurent en grande partie sous les ruines de l'antique collégiale.

Selon l'historien Claude de la Fons, et les divers auteurs qui ont écrit après lui, aucun détail ne nous a été conservé sur l'apostolat de saint Marcel, que certains historiens et certains monuments authentiques (1) nous autorisent cependant à regarder comme ayant accompagné saint Quentin dans la Gaule Belgique. Ce qui est probable, c'est qu'il évangélisa le pays de Trèves, et qu'il y fut évêque. Ce pays, nous le savons, avait reçu la lumière de la foi dès les temps apostoliques. Saint Pierre lui-même y avait envoyé le premier évêque, saint Valère, qui fonda la chrétienté et l'église de Trèves.

Nous n'avons pas plus de détails sur saint Lucius, ou Lucien, que certains auteurs ont confondu à tort avec saint Lucien, premier évêque de Beauvais. D'après les Actes les plus authentiques du martyre de saint Quentin, saint Lucius, nous l'avons vu, accompagna l'apôtre de nos contrées dans la cité Amiénoise, et exerça avec lui l'apos-

---

(1) Manuscrit du chanoine Raimbert, et *Sermon* sur la tumulation des saints Quentin, Victorice et Cassien. — Anciens bréviaires de Noyon, Saint-Quentin, Saint-Omer, etc. — Paul Colliette, Claude de la Fons, Claude Bendier, etc.

tolat pendant quelque temps. Puis il quitta saint Quentin pour aller évangéliser Beauvais, où, comme saint Lucien, le premier évêque, il fut honoré de la palme du martyre.

Quatre ouvriers évangéliques, de la mission de saint Quentin, s'étaient dirigés, pour y exercer leur apostolat, vers le midi de la Gaule Belgique. C'étaient saint Rufin et saint Valère, saint Crépin et saint Crépinien.

Rufin et Valère étaient laïques ; on ne voit pas en effet, dans les Actes de leur martyre, qu'ils aient prêché ou exercé quelque ministère religieux et apostolique. Ils semblent avoir été attachés à la personne de saint Crépin et de saint Crépinien, et ils agissaient en tout d'après leur direction. Chassés de Reims, où ils avaient d'abord suivi ces deux généreux apôtres (1), ils se retirèrent dans une bourgade (2) située sur la Vesle, à peu de distance de Braine, où ils obtinrent l'intendance des greniers d'un palais impérial. Là, vivant de peu, faisant beaucoup d'aumônes, ils prêchaient surtout par leur vie édifiante, leurs conseils et leur charité.

Alors arrivait de Reims, suivant le cours de la Vesle, le farouche préfet Rictiovare, qui, dans sa

1) Légende du Bréviaire, Propre de Soissons.
(2) Aujourd'hui Bazoches.

haine pour le nom du Christ, avait juré d'anéantir jusqu'au dernier vestige de la religion chrétienne dans la Gaule Belgique. Il s'arrêta au palais impérial où habitaient les deux intendants, et il eut bientôt découvert quelle était leur religion. Il les traduisit alors à son tribunal, essaya de les gagner par de belles promesses, puis de les effrayer par de terribles menaces. Enfin, n'ayant pu vaincre leur constance, il leur fit trancher la tête.

Cependant saint Crépin et saint Crépinien, après avoir évangélisé le pays de Reims et le territoire de Braine, s'étaient fixés à Soissons, où ils annonçaient avec un grand zèle la bonne nouvelle de Jésus-Christ. Afin de n'être à charge à personne, selon l'exemple de l'apôtre saint Paul, ils ne rougissaient pas de travailler des mains, et ils avaient choisi le métier de cordonniers, comme leur offrant une occupation sédentaire, bien propre à entretenir en eux l'esprit de charité et d'humilité. Leur pieuse industrie eut un plein succès. Des conversions nombreuses s'opérèrent, et la foi, prêchée dans cette cité par les apôtres saint Sixte et saint Sinice et leurs successeurs, prit de nouveaux accroissements et jeta de plus profondes racines dans les âmes.

Mais voici qu'au retour d'une expédition, où

ses armées furent victorieuses, l'empereur Maximien vient visiter la Gaule Belgique et passe par Soissons. Il apprend le succès des prédications de saint Crépin et de saint Crépinien. Il fait arrêter ces généreux confesseurs de Dieu, les cite à son tribunal, les interroge, et essaie, par des menaces et par des promesses, d'ébranler leur fidélité. N'y pouvant réussir, il les remet entre les mains de son préfet Rictiovare et lui recommande de leur faire infliger au plus tôt les plus cruelles tortures. Celui-ci n'a garde de diminuer quelque chose de la dureté des ordres de son maître. Il fait suspendre saint Crépin et saint Crépinien au moyen de poulies, ordonne qu'on les frappe de bâtons noueux. Il commande ensuite qu'on leur enfonce des pointes aiguës entre les ongles et la chair des doigts, qu'on enlève de leur dos des lanières de peau sanglante. Les saints martyrs sont invincibles. Rictiovare ordonne qu'on leur attache au cou une meule de moulin et qu'on les jette dans la rivière d'Aisne. Mais la meule se détache, par la permission de Dieu, et les martyrs abordent sains et saufs à l'autre rive. Rictiovare recourt à de nouveaux tourments. Il fait préparer un bain de plomb fondu, puis un autre composé de poix, de graisse et d'huile bouillantes. Successivement plongés dans ces deux bains, les Martyrs chantent, comme les trois jeunes Hébreux dans la fournaise, les louanges de Dieu. Enfin, à bout de supplices, les bourreaux, sur l'ordre de Maximien, leur tranchent la tête, et les âmes de ces généreux confesseurs de la foi s'élèvent toutes glorieuses vers le séjour de la bienheureuse immortalité.

Ici se passe un trait, que nous ne pouvons omettre, et qui montre, selon que le dit Lactance (1), comment Dieu sait se venger tôt ou tard de ceux qui méprisent la majesté de son nom et persécutent son Eglise et ses saints.

Depuis le supplice des saints Victorice et Fuscien, accompli à Amiens peu de temps auparavant, Rictiovare, déjà touché par la main de Dieu, sentait en lui un mal étrange qui le minait sourdement. Ce n'était là que le prélude des représailles divines. Au moment du supplice des saints Crépin et Crépinien, ivre de colère et exalté par sa fureur impie, le farouche préfet amassait tourments sur tourments et ne pouvait arriver à assouvir sa cruauté. Cependant les Martyrs venaient d'être soumis à l'action du plomb fondu et de l'huile bouillante, et ils répétaient, dans leurs chants, ces paroles du psaume: *Faites*

---

(1) *De mortibus persecutorum*, I.

éclater, Seigneur, votre gloire, non pas pour nous, mais pour vous, de peur que les nations ne disent un jour : Où est donc leur Dieu(1)? Tout à coup, sous l'ardeur du feu, le plomb fondu pétille ; une goutte s'échappe et va frapper l'œil du préfet (2). Rendu plus furieux, et comme affolé par la douleur, Rictiovare pousse des cris horribles, se déchire, et puis, de désespoir et de rage, se précipite au milieu du brasier ardent, où il trouve aussitôt une mort affreuse ; juste punition de toutes ses cruautés contre les élus de Dieu.

Le Seigneur laisse à la persécution et aux persécuteurs le temps et la liberté du mal « Il proroge, dit Lactance(3), les châtiments des hommes impies ; mais c'est pour montrer bientôt, par de grands et terribles exemples, qu'on ne s'attaque pas en vain à sa majesté, qu'il est le Dieu un et suprême, et qu'il se venge, quand il lui plaît, des impiétés ou des persécutions qui ont été suscitées contre lui. »

(1) Ps. CXIII., 9, 10.
(2) *Acta SS. Crispini et Crispiniani.*
(3) *De mortibus persecutorum,* I.

LIVRE DEUXIÈME

SAINT QUENTIN

SON CULTE

LIVRE DEUXIÈME

SAINT QUENTIN
SON CULTE

CHAPITRE PREMIER

INVENTION MIRACULEUSE DU CORPS DE SAINT QUENTIN PAR SAINTE EUSÉBIE [358]. — PREMIÈRE ÉGLISE BATIE SUR SON TOMBEAU.

Le précieux dépôt, confié aux eaux de la Somme, où le préfet Rictiovare avait cru l'ensevelir à jamais, était resté caché pendant cinquante-cinq ans, sans que rien transpirât sur son existence en cet endroit. Rictiovare et ses émissaires avaient bien gardé leur secret. Et puis la perturbation qui suivit, dans la chrétienté d'Auguste de Vermandois, le passage du farouche préfet des Gaules, empêcha peut-être toute investigation relative au corps de saint Quentin. D'ailleurs Dieu, comme le dit saint Augustin (1), se réserve de manifester, en temps favorable, les dépouilles de ses serviteurs. Cette manifestation se rattache à un ordre de faits tout providentiel, que vainement nous vou-

---

(1) Sermo 318, *De Martyre Stephano*.

drions sonder, et dont il est bien libre assurément de ne pas nous révéler les secrets. N'eût-il eu d'autre but, dans cette circonstance, que de glorifier son Martyr, Dieu allait l'atteindre par une invention où sa toute-puissance interviendrait, et susciterait les nombreux hommages qui, par suite, devraient lui être rendus.

Cette invention prend place au commencement des détails que nous aurons à donner, dans plusieurs chapitres successifs, sur le culte que nos pères se plaisaient à rendre au glorieux Martyr saint Quentin.

Les temps marqués par la divine Providence sont arrivés (1). Dieu se sert, pour accomplir ses desseins, d'une dame romaine, nommée Eusébie, remarquable par ses grandes richesses, et plus encore, par la distinction et la noblesse de son origine. Elle avait de nombreux serviteurs, un train de maison très-considérable. Mais, affligée par Dieu, qui la voulait sauver des tentations de l'orgueil de la vie, et aveugle depuis neuf ans, elle ne cessait de se livrer à de ferventes prières et d'implorer humblement la miséricorde et la toute-puissance du Seigneur. Or, une nuit qu'elle

(1) Ce récit est tiré tout entier du manuscrit de la Bibliothèque nationale, n° 5,299, dont nous parlons dans notre Préface.

priait avec plus de ferveur que de coutume, un ange lui apparut, de la part de Dieu, et la consola, en lui disant : « Eusébie, *votre prière est exaucée* (1). Levez-vous, partez pour les Gaules. Là, informez-vous d'un lieu nommé Auguste de Vermandois, sur les rives du fleuve appelé Somme. Remarquez bien l'endroit où ce fleuve est traversé par la voie qui mène d'Amiens à Laon le Cloué (2) : cherchez en cet endroit, et vous trouverez sous l'eau le corps de saint Quentin, mon Martyr. Lorsque vous l'aurez découvert et manifesté aux regards du peuple, alors vos yeux reverront la lumière, votre corps affaibli retrouvera sa première vigueur, et vous reviendrez dans votre palais, affermie et fortifiée, vous et tous ceux qui vous auront accompagnée. » Par deux et trois fois, la même vision se représenta aux regards étonnés d'Eusébie. Elle n'eut plus alors ni doute, ni hésitation, et elle prit les dispositions convenables pour se mettre bientôt en route, selon que l'ange le lui avait indiqué.

Elle fit préparer son char et tout ce qui lui était nécessaire pour un si long voyage, réunit autour

(1) Luc, 1, 13.
(2) *Laudunum Clavatum*. Laon est ainsi appelé par les vieux auteurs, parce que la montagne ressemble à une tête de clou au milieu de la plaine.

d'elle ses serviteurs, ses servantes, une suite nombreuse, et partit pour venir rechercher le corps de saint Quentin, ayant eu soin d'emporter avec elle les linges dont elle aurait besoin pour l'ensevelir. Dès qu'elle fut arrivée dans les Gaules, elle parvint rapidement au lieu tant désiré qui lui avait été désigné en vision. Or, voici qu'elle rencontre un vieillard, nommé Erodianus, et elle l'interroge avec empressement :

« — Où donc est le lieu, ou municipe, appelé Auguste de Vermandois ?

« — Le voici tout près d'ici, répond le vieillard.

« — Mais, dites-moi, je vous en prie instamment, auriez-vous connu autrefois dans ce lieu, un chrétien nommé Quentin, qui fut mis à mort par les persécuteurs de la foi ?

« — J'en ai entendu parler, en effet ; mais il y a longtemps que ce fait est arrivé.

« — Où donc son corps a-t-il été enseveli ?

« — Je ne le sais pas.

Et Eusébie, redoublant de prières et d'instances : « Je vous en conjure, dit-elle, au nom du Seigneur, montrez-moi du moins l'endroit où la voie publique coupe et traverse le fleuve de la Somme ? »

Erodianus le lui montra, en disant : Le voici.

Alors la sainte descendit de son char, mit les

genoux en terre, inclina la tête, et, frappant sa poitrine de ses mains, elle pria en disant : Seigneur, Dieu d'Abraham, Dieu d'Isaac, Dieu de Jacob, Dieu des prophètes, des apôtres, des martyrs, des confesseurs, Dieu, par qui les éléments ont été créés, qui gouvernez tout à votre gré, par qui sont lancés le tonnerre, la foudre et les éclairs, Dieu, Père tout-puissant, je vous en supplie, exaucez une humble pécheresse, comme vous avez exaucé Tobie et Sara, quand ils priaient dans le secret de leur maison, comme vous avez exaucé Moïse et Aaron, à qui vous avez découvert les ossements du patriarche Joseph; soyez-moi propice. Et, de même que vous avez comblé les désirs d'Hélène, votre servante, en lui manifestant le trésor caché qu'elle cherchait, daignez me découvrir les vénérables dépouilles de ce grand Martyr qui a tant souffert pour la gloire de votre nom. O Père de tous les siècles, ne permettez pas que je quitte ce lieu sans *avoir trouvé ce que désire mon âme* (1); *que mes yeux voient votre saint* (2), et que votre nom soit glorifié parmi les nations, lui qui est béni dans les siècles des siècles. Amen (3).

(1) Cantic., III, 4.
(2) Luc, II, 30.
(3) Le lieu où sainte Eusébie fit à Dieu cette touchante prière était cette partie de la voie romaine qui traversait

Elle avait à peine achevé sa prière, que le lieu où le corps saint était enseveli sous l'eau, fut tout agité. A la surface du fleuve, en cet endroit, un frémissement se produisit. Puis, le corps du Martyr se mit à flotter sur les ondes ; et la tête aussi jaillit et flotta, venant d'un autre endroit. La chair n'était ni enflée, ni livide ; elle était blanche comme la neige, et une odeur suave s'en exhalait, *comme celle d'un champ plein* de roses, *béni particulièrement par le Seigneur* (1). Et ceux qui étaient présents

la Somme, non pas à l'endroit précis où la rue-route de La Fère la traverse aujourd'hui, mais un peu plus à gauche, sur l'emplacement du moulin situé à l'extrémité de l'abreuvoir d'Isle. Une petite île était là formée de deux bras de la Somme, dont l'un, le plus large, était traversé par la voie romaine à l'endroit que nous indiquons ; l'autre bras, moins large, avait son cours un peu en avant de la rue actuelle de la Raffinerie. « L'emplacement de l'Isle, du temps des Romains, dit M. Charles Gomart (*Études saint-quentinoises*, tome 4), devait donc couvrir l'espace occupé aujourd'hui par la cour et les dépendances du moulin d'Isle, par une partie de l'hôtel du Nord, et se prolonger à travers la route actuelle jusque dans la propriété de MM. Joly, le long de la Somme. »

Les restes précieux du glorieux Martyr saint Quentin, au moment où on les jeta dans la Somme, avaient été, dit-on, séparés, de manière à ce que le corps fût, d'un côté, dans un bras de la Somme, et la tête, dans l'autre bras. A l'extrémité de l'abreuvoir d'Isle sont des fosses, dans l'une desquelles fut ensevelie une partie du corps de saint Quentin.

(1) Genes., XXVII, 27.

répètaient en eux-mêmes : Comment donc avions-nous oublié les prodiges célestes et les merveilles du Christ ?

Alors la sainte et pieuse dame prit le corps vénérable, l'enveloppa dans un blanc linceul, avec l'intention d'aller l'ensevelir dans la cité (ou le camp) (1) de Vermand. A peine en eut-elle pris le chemin, qu'elle se trouva de suite dans la ville municipe, appelée Auguste de Vermandois, à l'extrémité de laquelle avait eu lieu l'invention. Mais voici que tout à coup, par la permission de Dieu, le précieux fardeau devint si lourd, qu'on ne pouvait plus ni le porter, ni aller plus loin. Pénétrant le sens de cet événement, sainte Eusébie inhuma le corps dans ce même lieu, et fit construire sur le tombeau une cellule ou chapelle, à laquelle fut attaché un clergé permanent. En récompense de sa religieuse piété, la toute-puis-

(1) Toutes les versions des Actes de cette invention, excepté celle que nous traduisons ici, portent le nom de *castrum*, camp. Mais on sait que le nom de *civitas*, cité, était donné quelquefois à des localités où habitaient, même momentanément, des membres de la noblesse romaine. Or, à Vermand, se trouvaient de nombreux officiers de l'armée, appartenant à la noblesse ; et c'est la raison pour laquelle, dit Hordret, « sainte Eusébie voulut faire conduire le corps de saint Quentin à Vermand, parce que, dans le camp romain, se trouvaient de nobles officiers de sa connaissance, ou même de sa famille, ou peut-être de la famille du saint Martyr. »

sance divine la guérit. De ses yeux se détachèrent comme des écailles ; elle recouvra la vue, et elle sentit renaître dans ses membres cette vigueur de santé qu'elle avait eue dans sa jeunesse. Et tous ceux qui vinrent à cette même heure, malades ou infirmes, en quelque nombre que ce fût, recouvrèrent la santé.

Ne voulant pas prendre de reliques du corps sacré, la pieuse et noble dame s'estima heureuse de posséder quelques-unes des broches qui avaient été enfoncées dans la chair du Martyr. Puis, elle retourna dans son pays avec les siens, et consacra au service des pauvres les biens nombreux qu'elle avait en sa possession.

La sépulture du glorieux Martyr saint Quentin eut lieu le huitième jour après la résurrection de Notre-Seigneur Jésus-Christ, à qui appartiennent gloire, honneur, louange et empire dans tous les siècles des siècles. Amen.

CHAPITRE DEUXIÈME

PLUSIEURS ÉGLISES SE SUCCÈDENT SUR LE TOMBEAU DE SAINT QUENTIN. — SECONDE INVENTION DE SON CORPS PAR SAINT ÉLOI [3 JANVIER 640].

Enseveli sur le haut de la montagne qui dominait la ville d'Auguste de Vermandois, au lieu même où s'était passée la dernière scène de son martyre, le corps du glorieux apôtre saint Quentin était l'objet de la vénération des fidèles et le but de nombreux pèlerinages. Les miracles et les faveurs spirituelles, obtenues à son tombeau, y amenaient sans cesse des foules nouvelles. Bientôt la chapelle, bâtie par sainte Eusébie, devint insuffisante et dut faire place à une église assez spacieuse pour être dite, par les vieux auteurs, « l'église cathédrale et le siège des évêques du Vermandois. » Une ville nouvelle se formait d'ailleurs et grandissait peu à peu auprès de l'ancienne, entourant l'église et le tombeau du Martyr. Ce fut d'abord le bourg ou quartier de Saint-Quentin, *vicus Sancti-Quintini ;* le temps ne devait pas tarder où le bourg ayant gagné la cité d'Auguste, la réunion des deux formerait une seule ville, et se nommerait, par les siècles, la ville de Saint-Quentin.

Mais des désastres se sont succédé dans le pays du Vermandois, pendant ces temps de notre histoire qu'on peut bien dire agités et troublés. Les Barbares sont arrivés, semblables à un torrent impétueux qui a rompu ses digues et emporte tout sur son passage. Si, maîtres de notre sol, ils le fussent aussi devenus de notre foi, le christianisme disparaissait, et avec lui la base de toute civilisation au sein de l'humanité. En 407, les Vandales, les Alains, les Suèves, et autres peuples, mettent tout à feu et à sang dans les deux Belgiques, laissées sans défense; Auguste de Vermandois est, sinon détruite, au moins mise au pillage, désolée et dévastée. En 451, Attila, le « Fléau de Dieu, » passe le Rhin à la tête de ses hordes farouches. Il lance ses sept cent mille soldats à travers les Gaules; les villes les plus florissantes sont saccagées. Auguste de Vermandois n'échappe pas à sa fureur; elle est couverte de ruines, elle et toute la contrée. Plus tard, le Vermandois et sa capitale tombent au pouvoir des

Francs. Plus tard encore, sous Clotaire I*er*, roi de Soissons, la ville, qui avait repris une nouvelle splendeur, est de nouveau saccagée et rendue comme déserte (534).

C'est vers cette époque (535) que saint Médard, évêque du Vermandois, crut devoir transférer le siège épiscopal à Noyon, ville plus fortifiée et mieux en état de se défendre contre les attaques et les incursions du dehors. Treize prélats avaient occupé jusque-là le siège du Vermandois : Hilaire I*er* (365), Martin, Germain, Maxime, Fosonius, Alternus, Hilaire II, Domitien ou Divitien, Remi, Mereo ou Mercurius, Promotus, Suffronius et Alomer (511). Plusieurs ont été remarquables; le dernier, Alomer, fonda, en 527, une école restée célèbre.

Après les incursions des Barbares, l'église, détruite lors de ces temps malheureux, avait été rebâtie sur le même emplacement, puis restaurée, après de nouvelles dévastations, vers l'an 545. Soit précipitation, soit pour quelque autre motif, on ne crut pas pouvoir rechercher alors le corps du martyr saint Quentin. On n'ignorait pas qu'il se trouvait dans l'enceinte de l'église et l'on savait que sainte Eusébie l'avait fait inhumer à une très-grande profondeur. Mais dire précisément en quel endroit et donner sur ce point les indications nécessaires, nul ne le pouvait ; et le clergé et le peuple ressentaient une peine très-vive de la perte qu'ils pensaient avoir faite. C'est alors que saint Eloi, se sentant inspiré d'en haut, commença lui-même des recherches, qui furent couronnées d'un plein succès et accompagnées de miracles éclatants.

Laissons à saint Ouen, le pieux et docte historien de la vie de l'illustre évêque de Noyon, le soin de nous raconter lui-même et tout au long les différents détails de cette invention (1).

« A partir du jour où le serviteur de Dieu, Eloi, fut consacré pontife et donné à l'Église comme pasteur, plusieurs tombeaux des saints furent retrouvés par lui et manifestés aux regards des peuples, entre autres et au premier rang, celui de l'illustre martyr saint Quentin.

Quelque temps auparavant, un homme s'était rencontré dans la cité, qui paraissait juste et était chantre très-estimé dans le palais du roi ; on le nommait Maurin. Se confiant en lui-même et se laissant égarer par sa présomption, il s'était vanté de découvrir le corps du glorieux Martyr. Mais le Seigneur se plut à déjouer ses desseins présomptueux, afin de rehausser par là le mérite du

---

(1) *Vita S. Eligii*, lib. II., cap. VI.

saint évêque Eloi. Dès qu'il eut essayé de creuser la terre, au premier coup de bêche, l'instrument resta attaché aux mains de Maurin, en sorte que le malheureux fut contraint d'abandonner sa téméraire entreprise. Le lendemain, les vers s'étaient mis dans les plaies de ses mains, et il mourut misérablement. Ce fait avait suscité au milieu du peuple une telle frayeur que personne, depuis lors, quelque juste qu'il fût, n'osa plus entreprendre aucune recherche, si ce n'est saint Eloi qui s'y employa très-activement.

A peine revêtu de la charge pastorale, le saint évêque vint souvent à l'église du Martyr, qui n'était pas éloignée de la ville capitale du Vermandois, étant bâtie sur le lieu même de la colline, où le Saint, après avoir été retiré du fleuve par Eusébie, avait été inhumé. Poussé par une inspiration divine, Eloi disait hautement au peuple que le corps du Saint n'était pas à l'endroit où on l'honorait, mais un peu plus loin. Comme cette pensée, depuis longtemps, occupait son esprit, il se détermina à sonder çà et là, au moyen de fouilles habilement conduites, l'emplacement de l'église ; mais il ne découvrait aucune trace de sépulture. Ceux qui l'avaient d'abord suivi dans l'entreprise, l'abandonnaient et s'efforçaient de le faire renoncer à son projet, lui rappelant l'exemple de Maurin et lui objectant que le corps, inhumé depuis longtemps, devait être consommé et réduit en poussière. Eloi se contentait de répondre en gémissant: Non, mes frères, ne m'empêchez pas, je vous prie, de suivre ma dévotion. Car j'espère en mon Créateur; oui, il daignera exaucer mes désirs et me découvrir enfin ce trésor précieux et inestimable.

Il continua donc ses recherches avec plus de zèle, ordonna un jeûne de trois jours, et, priant avec larmes et grande ferveur Notre-Seigneur Jésus-Christ, il fit vœu de ne prendre aucune nourriture, qu'il n'ait eu un témoignage manifeste que ses vœux étaient exaucés. Car telles étaient la ferveur de sa foi et la fermeté de sa confiance qu'il prévoyait que les choses arriveraient comme il l'avait présumé.

Les ouvriers continuaient donc leurs travaux, quand Eloi, ayant désigné un endroit auquel personne ne songeait, dans la partie postérieure de l'église, leur ordonna d'y creuser. Tous obéirent à son injonction. Ils avaient déjà creusé plus de 10 pieds en terre sans avoir rien trouvé, et la troisième nuit allait s'écouler depuis le commencement de leurs recherches. Alors Eloi quitte son manteau pastoral, prend une bêche et creuse lui-même la terre de ses mains vénérables, y employant toute son énergie. A peine a-t-il, au fond de la fosse, détaché un peu de terre sur l'un des côtés, qu'il trouve une tombe très-ancienne qui devait recouvrir le corps saint. Il la frappe de l'instrument qu'il tient à la main, et, une ouverture s'étant faite, il s'échappa de la tombe un parfum d'une odeur si suave, et une lumière d'un éclat si vif, que saint Eloi, surpris, ne pouvait qu'à grand'peine se soutenir. La lumière, jaillissant de cet endroit, était si puissante que, pour les assistants, elle resplendissait comme le soleil ; et ceux qui, aux environs de l'église, veillaient encore, ignorant la cause de cette lumière, la prenaient pour un phénomène extraordinaire; car on était au milieu de la nuit, et l'obscurité, auparavant, était profonde. Mais, cette lumière jaillissant, ce fut comme la clarté du jour, qui toutefois s'évanouit bientôt et disparut.

Alors Eloi couvrit de ses baisers et de ses larmes le saint corps qu'il venait de retrouver. Puis, l'ayant fait élever de terre, il en sépara quelques reliques qu'il désirait avoir : spécialement pour la guérison des malades, plusieurs dents de la mâchoire, dont l'une laissa échapper de sa racine une goutte de sang (1). Il se réserva

(1) Longtemps cette relique précieuse, que le clergé de Saint-Quentin avait pu se procurer après la mort de

aussi, comme reliques, des clous d'une très-grande longueur, que les persécuteurs avaient enfoncés dans le corps du Saint pendant son martyre ; il les retira du crâne et d'autres parties

saint Eloi, fut conservée dans l'église Collégiale, où elle était l'objet d'une vénération particulière. En 1557, à la suite de la prise de Saint-Quentin, elle fut emportée par les Espagnols, en même temps que les autres reliques du glorieux Martyr. Mais lorsque, en 1559, les reliques de saint Quentin furent restituées, la dent, dont il est ici question, ne fut point rendue. On ne savait en quelles mains elle se trouvait, et on la croyait perdue à jamais.

D'après les documents suivants, que nous extrayons d'une vieille *Histoire de Bouchain* (Nord), imprimée en 1659, nous voyons que cette précieuse relique était tombée entre les mains d'un des officiers du roi d'Espagne, Philippe II, lequel la donna à son fils, vénérable prêtre du diocèse d'Arras, et que ce prêtre en fit don, en l'an 1616, à l'église paroissiale de Bouchain, dont saint Quentin est le patron.

ATTESTATION COMME L'ÉGLISE DE BOUCHAIN POSSÈDE UNE DENT DE SAINT QUENTIN.

Maître Arnould d'Escaillon, prestre natif de la ville de Bouchain, du diocèse d'Arras, âgé de soixante-trois ans ou environ, chappelain de la chapelle de Saint-Nicolas, fondée en l'église paroissiale de la ditte ville, dédiée en l'honneur de Dieu et de saint Quentin, résidant présentement à Bruxelles, certifie à tous qu'il appartiendra, *in verbo sacerdotis*, que feu Messire Jehan d'Escaillon, son père, prestre résidant au château de Potelles, proche du Quesnoy en Haynault, m'a délivré une dent qu'il affirmoit estre du corps du glorieux saint Quentin, pays de Vermandois, advenue en l'an 1557, ou l'an suivant, par le feu d'heureuse mémoire, Philippe second, roy d'Espagne, portant lors son père les armes au champ de Sa Majesté

du corps. Puis il coupa la chevelure du saint, qui était très-belle. Ensuite, ayant enveloppé le corps vénérable dans une étoffe de soie très-précieuse, il le transporta derrière l'autel. Depuis il fit, de ses propres mains, et avec un art admirable, une châsse toute d'or et d'argent, enrichie de pierres précieuses (1). Quant à l'église, qui lui parut trop petite pour les nombreux pèlerins qui affluaient de toutes parts, il la fit agrandir et décorer (2).

catholique. Et fut le corps du dit saint Quentin transporté en la ville de Cambrai, après la prise de la ditte ville de Saint-Quentin ; et après, a été restitué en icelle ville ; lui ayant ordonné son feu père, d'honorer cette relique ; laquelle il a donnée, par cette cédule, à la ditte église de Bouchain, église paroissiale, lieu de sa naissance, pour y estre vénérée, l'ayant délivrée des mains du sieur Charles Vander Camer, lieutenant civil de la ditte ville de Bouchain, pour la consigner ès mains de ceux qu'il appartiendra. En approbation de vérité, il a signé cette cédule, en la ville de Bruxelles, le 26 aoust 1616. Il estoit écrit plus bas.—*Ità est* : Arnoldus d'Escaillon.

(1). Les œuvres d'orfévrerie religieuse, faites par saint Eloi, sont très-nombreuses. Saint Ouen cite encore parmi les plus importantes la châsse de saint Martin de Tours, celles de saint Séverin, de sainte Geneviève, de sainte Colombe et de huit autres saints, une immense croix d'or qui se voyait derrière le maître-autel de la basilique de Saint-Denis, un calice, plusieurs croix et des chandeliers qui se trouvaient à Limoges, etc. (*Histoire de l'Orfèvrerie*, par Ferdinand de Lasteyrie. Paris, Hachette, 1875.)

(2) C'est la cinquième église bâtie sur le tombeau de saint Quentin, si on estime, comme des reconstructions, la restauration de 545 et celle-ci.

Enfin, de plusieurs autres reliques extraites du saint corps, il enrichit quelques églises, les faisant ainsi servir, en beaucoup de circonstances, comme de remède efficace pour toutes sortes de maladies. »

De cette église il nous reste encore une partie de dallage en mosaïque, découvert en 1865, par M. Bénard, maître des œuvres de la Collégiale, lorsque le conseil de fabrique fit faire, sous sa direction, des fouilles à l'entrée du chœur, dans la partie comprise entre la crypte et le grand transsept. Près de cette mosaïque, on trouva encore deux tombeaux très-curieux.

Un autre résultat très-heureux de ces fouilles a été la découverte d'une dalle en marbre noir, longue de 1^m 66, sur 0^m 70 de largeur, dalle que saint Eloi fit placer, selon la tradition, au lieu même où il avait trouvé le corps de saint Quentin. Comme témoignage de cette tradition, dans les différentes églises qui se succédèrent sur le tombeau de saint Quentin, le point précis de l'invention fut toujours désigné, à mesure que le sol s'exhaussait, par une dalle, de forme, de position et de matière identique. Avant la Révolution, cette dalle était placée sous l'autel saint Quentin, dit *autel de cuivre*, au côté gauche de l'entrée du chœur.

Afin de conserver précieusement ces vénérables souvenirs du passé, le conseil de fabrique fit établir un caveau, dont l'ouverture, placée à l'entrée du chœur, est fermée à fleur du dallage, par une porte solide en fer forgé.

(Voir le *Mémoire* lu par M. Bénard à la Société Académique de Saint-Quentin, en 1865.)

CHAPITRE TROISIÈME

LE CULTE DE SAINT QUENTIN ET L'HISTOIRE LOCALE

Nous lisons dans nos Livres saints (1) que Judas Machabée, chef hébreu, voulant un jour relever le courage de ses sujets, leur raconta que, la nuit précédente, Onias, ancien grand-prêtre, lui était apparu en songe, étendant les mains et priant pour le peuple. Puis, Jérémie le prophète s'était montré à son tour, plein de grâce et environné d'une splendeur céleste. Et Onias disait, indiquant du doigt Jérémie : Voici l'ami de nos frères et du peuple d'Israël; c'est Jérémie, le prophète de Dieu ; il prie pour tout le peuple et pour toute la cité.

Elevant nos regards vers les cieux et demandant un intercesseur qui supplie pour nous auprès de la Majesté divine, nous découvrons, nous aussi, un ami de notre peuple et de notre cité,

(1) Machab., lib. II, cap. xv.

saint Quentin, qui vint annoncer à nos pères l'Evangile de Jésus-Christ. N'est-il pas l'un des nôtres ? Sa figure gracieuse et pleine de suave et douce miséricorde n'apparaît-elle pas auprès du berceau religieux et comme aux origines chrétiennes de notre pays ? Son nom n'est-il pas notre nom ? Sa mémoire ne plane-t-elle pas sur toute la suite de notre histoire, mêlée à nos joies et à nos douleurs, à nos abaissements et à nos gloires ? Oui, vraiment, c'est bien l'ami de nos frères et du peuple ; c'est l'intercesseur puissant qui prie pour nous et pour notre cité ; c'est notre Patron, notre défenseur, notre avocat auprès du trône de Dieu.

Puisse la ville de Saint-Quentin n'oublier pas ce puissant et céleste patronage et se souvenir de la grande place que tiennent, dans son histoire locale, l'église de ce Martyr, son tombeau, ses fêtes si nombreuses et toujours si magnifiquement solennisées !

I

A la garde et au service de l'église qui recouvrait les restes précieux du martyr saint Quentin, et qu'il fit agrandir et décorer, saint Eloi plaça un clergé nombreux, peut-être d'abord une communauté de moines, comme semblerait l'indiquer le titre d'*abbés*, que portèrent pendant trois siècles les premiers dignitaires de ce clergé, tout au moins une société de prêtres vivant sous une règle et en communauté. C'est ainsi que commença cet insigne et très-illustre chapitre de Saint-Quentin, qui garda jusqu'à la Révolution française ses hautes et puissantes prérogatives, et fut l'un des plus célèbres et des plus renommés de toute la France.

Dès la fin du septième siècle, l'histoire nous montre les abbés de Saint-Quentin jouissant des droits pro-épiscopaux, c'est-à-dire d'un pouvoir comparable à celui des évêques, étendant leur juridiction spirituelle sur tout le territoire adjacent à leur église, plus tard sur toute la ville et la banlieue, procédant à la nomination des curés, conférant des chapellenies, publiant des mandements, établissant des fêtes et portant des censures. A cette juridiction spirituelle se joint bientôt, par suite de la concession du pouvoir, une juridiction toute temporelle. Les abbés ont, dans un certain ressort, droit de seigneurie et de justice; ils décident des causes civiles et criminelles, rendent la justice à leurs hommes et tenanciers, aux dignitaires et membres du chapitre et du clergé, soit de l'église, soit de la cité, aux serviteurs, aux employés et à tous ceux qui dépendent d'eux.

Telle était alors, dans bien des endroits, la double manifestation de l'autorité temporelle, en France. On voyait, auprès des barons et des comtes, les évêques et les abbés remplissant les offices de leur autorité séculière, exerçant les prérogatives et les fonctions d'un pouvoir tout à la fois religieux et civil, rendant des sentences et recevant des serments où Dieu, la religion, la justice et la patrie se rencontraient sans s'étonner.

Les coûtres eux-mêmes, ou gardiens de l'église de Saint-Quentin et de ses possessions, avaient une juridiction temporelle très-étendue. On sait combien éminente fut leur dignité, dès le sixième siècle. Quelquefois confondus avec les abbés de la basilique, ils leur étaient néanmoins inférieurs. Les coûtres étaient mis en possession de leurs hautes fonctions par le sénéchal du Vermandois; ils s'avançaient, à leur avènement, au milieu d'un nombreux clergé, la mître en tête, et, en signe de réjouissance, on permettait aux bannis de rentrer dans la ville.

On le voit, l'histoire de la basilique et de son clergé se trouve mêlée à tous les grands événements et aux faits les plus remarquables qui se passent dans la cité. En 687, l'armée du roi de France, Thierry III, vaincue par Pépin d'Héristal, se réfugie auprès du tombeau du Martyr dont elle invoque le droit d'asile. Pépin épargne les vaincus, et fait même reconnaître le faible Thierry comme roi d'Austrasie, à la condition de gouverner sous son nom, avec les titres de maire, de duc et de prince.

En 750, les seigneurs laïcs usurpent l'administration de la basilique de Saint-Quentin, dont ils s'adjugent tous les revenus et qu'ils gouvernent sous le titre de comtes-abbés. Charles-Martel la donne à Jérôme, un de ses fils. Celui-ci la laisse à un de ses enfants; et peu à peu ce titre devient héréditaire. Durant deux siècles, sauf quelques rares circonstances où le gouvernement temporel du Vermandois et l'administration de la basilique furent séparés, les comtes-abbés jouirent des deux titres, et, malgré les réclamations des évêques, s'adjugèrent en propre les revenus de la basilique du saint Martyr. Que pensent de cela les ennemis de l'Église, qui, sans jamais voir les persécutions ou les oppressions dont elle est la victime, ne l'accusent que de perpétuels et progressifs envahissements ?

Vers cette époque (814), fut édifiée par Fulrad, cousin germain de Charlemagne et abbé de Saint-Quentin, une église plus grande et plus riche que celles qui l'avaient précédée. Fulrad la fit construire à l'aide des libéralités de Charlemagne.

Dans cette église fut établie, par l'abbé Hugues, en 835, une crypte qui existe encore aujourd'hui, crypte dans laquelle le noble abbé fit déposer le corps de saint Quentin, après l'avoir tiré du lieu où saint Éloi l'avait placé. Le corps du glorieux Martyr y fut enfermé dans un « tombeau de marbre, supporté par de petites colonnes, que l'abbé Hugues avait fait préparer. » (1)

Sur ces entrefaites, arrivèrent les Normands

(1) *In eâ marmoreum sepulchrum columellis suffultum præparavit.* Breviarium Ecclesiæ Sancti Quintini, editio 1642.

Quelle que soit l'autorité du texte du Bréviaire de 1642, certains auteurs ont pensé que le tombeau de saint Quentin remonte, non au temps de l'abbé Hugues, mais au temps de sainte Eusébie (358). M. Charles Gomart, dans ses *Études Saint-Quentinoises* (Tomes III et IV), en donne des preuves qui méritent de fixer l'attention. La similitude qu'il établit entre le tombeau de saint Quentin et le tombeau d'Honorius, à Ravenne (IVe siècle), nous paraît fournir un argument sérieux.

Comme le tombeau de saint Quentin, le tombeau d'Honorius a la forme hémicylindrique. Seulement il est très-orné. Tout autour règne une corniche d'oves et de dards ; sur le devant sont trois arcades, dont celle du milieu a un couronnement angulaire. Dans cette arcade est un agneau placé sur un roc d'où sortent quatre sources ; au-dessous, une croix et deux oiseaux. Dans les autres parties du tombeau, sont des agneaux, des colombes, des vases, etc.

Nous ne prétendons pas discuter la question ; mais nous devons dire que le tombeau d'Honorius, tel que nous l'avons vu à Ravenne, dans le monument de Galla Placidia, nous a paru présenter, sauf l'ornementation, une grande analogie avec le tombeau de saint Quentin.

qui couvrirent nos pays de leurs flots. Pendant quelque temps épargnée, la cité d'Auguste de Vermandois connut bientôt, comme aux jours des premiers barbares, ses heures de deuil et de désolation. Par trois fois, ses prêtres furent obligés de transporter leurs précieuses reliques dans la ville de Laon, alors très-fortifiée. Les habitants d'Auguste, le clergé surtout, souffrirent beaucoup des ravages de ces hommes du Nord ; l'église de Fulrad fut détruite. Mais Dieu, qui sait tirer le bien du mal et la gloire de l'humiliation, permit qu'aussitôt la retraite des Normands, Thierry, comte de Vermandois, associant à ses efforts ceux de l'abbé de la basilique, réussit à relever la ville de ses ruines, à restaurer l'église et le bourg qui l'environne. Dès lors, la ville comprit dans sa nouvelle enceinte le bourg dit de Saint-Quentin, l'église et les demeures des ecclésiastiques. Elle transforma en faubourg une partie de ses quartiers les plus éloignés, gagna et couvrit tout le haut de la montagne et laissa son nom ancien pour prendre un nom nouveau. Nous ne la nommerons plus désormais la cité d'Auguste, nous la nommerons la cité de Saint-Quentin, fière du nom de son Martyr, glorieuse de ses anciens privilèges, enrichie de privilèges nouveaux, développant une prospérité toujours croissante, et se plaçant, au milieu des autres villes de France, comme une des plus renommées et des plus importantes.

On a dit, de l'histoire des peuples et des rois, qu'elle sera toujours la même, heureuse autant qu'ils auront protégé l'Église, grande autant qu'ils l'auront aimée. On peut en dire autant de l'histoire des cités. La prospérité dont jouit alors la ville de Saint-Quentin, et les privilèges nombreux dont elle fut gratifiée, étaient dus, nous disent les historiens (1), à la piété de ses comtes et aussi à la libéralité des rois de France, qui aimaient Saint-Quentin à cause de son église et de sa réputation de sainteté, partout répandue. Charlemagne et Charles-le-Chauve firent des dons nombreux à la ville aussi bien qu'à la basilique ; les rois qui vinrent après eux, surtout ceux de la troisième race, ne leur cédèrent pas en bienveillance et en libéralité. Qui ne bénit les noms de Louis-le-Gros, de Philippe-Auguste, de saint Louis, de l'infortuné Charles VI ? Qui n'admire les nombreux établissements religieux et charitables, qui prirent alors naissance, ou se développèrent sous la protection et à l'aide des libéralités de nos rois, les églises bâties et les paroisses insti-

(1) Colliette, Hordret, Fouquier-Chollet.

tuées (1), les hôpitaux établis (2), les abbayes fondées ou notablement agrandies (3) ? Qui ne voit comment le commerce lui-même trouva un nouvel essor, par suite des nombreuses corporations établies sous l'action religieuse et sous l'influence du culte de saint Quentin (4) ? Tous les historiens (5)

(1) Saint-Eloi, Saint-Nicaise, Saint-Remy, Notre-Dame, Saint-André, Saint-Jean-Baptiste, Sainte-Marguerite, Sainte-Catherine et Saint-Jacques. Plus tard furent instituées les paroisses de Saint-Thomas, de Saint-Martin et de Sainte-Pécinne.

(2) L'hôpital des Enflés, les hôpitaux de Saint-Antoine, de Saint-Lazare ou Saint-Ladre, de Saint-Nicaise, de Notre-Dame, de Belle-Porte et de Saint-Martin.

(3) Saint-Quentin en l'Isle, Fervaques, les couvents des Dominicains, des Capucins, des Cordeliers, etc.

(4) Les principales étaient « celles des marchands de draps, des tisserands, des blanchisseurs de toiles, des maîtres menuisiers, des fourreurs, des portefaix, des goherliers, des serruriers, des theilliers, des chapeliers, des taillandiers, des chaudronniers, des tailleurs, des tanneurs de cuir, des cuisiniers, des mégissiers, des maçons et paveurs. Presque toutes les boutiques fermaient lorsque la cloche des églises avait sonné l'*Angelus*. Le samedi, on quittait l'atelier un peu plus tôt que les autres jours, pour rendre hommage à Dieu et se préparer à la solennité du lendemain. Le dimanche et les jours de fêtes, les magasins restaient clos ; tout travail cessait, les bains n'étaient pas chauffés et les boulangers même ne pouvaient faire cuire leur pain. Ces prescriptions n'étaient pas générales, mais elles étaient ordinairement suivies. » *Saint-Quentin et son commerce*, par M. Charles Picard. Tome I, — Saint-Quentin, Jules Moureau, 1865.

(5) Paul Colliette, Claude de La Fons, J. F. M. Lequeux.

s'accordent à dire que le commerce prit alors à Saint-Quentin un très-grand développement.

La vie religieuse, qu'entretenait l'action incessante du chapitre et du clergé, aidait puissamment à ce mouvement ascensionnel, et l'on peut dire que c'étaient les beaux jours de l'Église aussi bien que de la cité. Au commencement du XIIe siècle fut entreprise l'œuvre immense de la construction de la collégiale actuelle, l'une des productions les plus belles et les plus hardies de l'architecture gothique. Les premiers travaux datent de l'année 1115; alors fut commencée la partie antérieure, ou le narthex. Les chapelles absidales ont été édifiées dans le cours du XIIe siècle; le sanctuaire, les transsepts adjacents et le chœur furent terminés en 1257, à l'aide des libéralités de saint Louis; les transsepts, situés en avant du chœur, et la nef, sont du XIVe et du XVe siècle.

Combien admirable et imposante est-elle, cette église, dans sa vaste et puissante structure; avec son style varié, et toutefois sa composition homogène; avec ses quatre transsepts, dont deux, placés en avant du sanctuaire, donnent à l'abside une largeur et une beauté exceptionnelles; avec son chœur si prolongé et sa nef si grande, quoique inachevée; avec ses vingt-huit chapelles, dont sept absidales, sont remarquables par leur originalité,

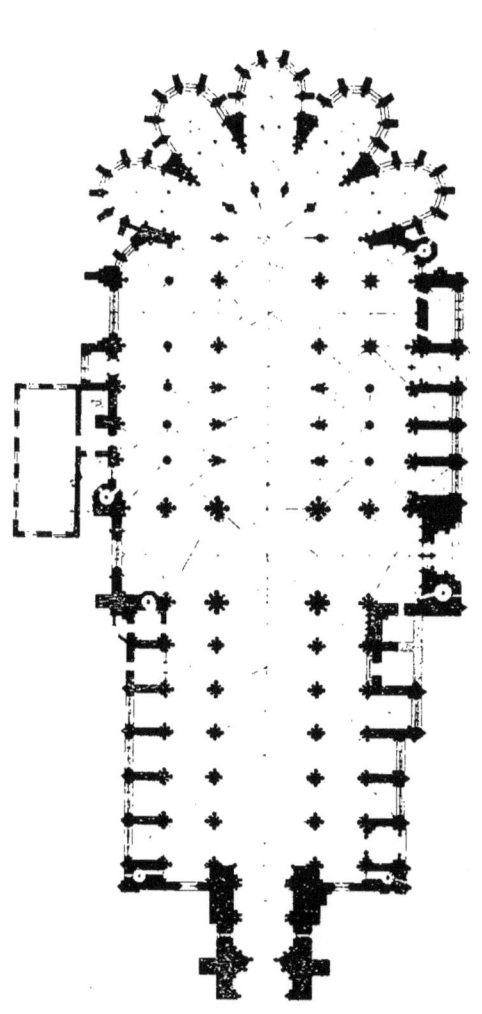

BASILIQUE DE SAINT-QUENTIN

leur hardiesse et leur élégance; avec ses roses si riches; avec ses cent dix fenêtres, dont la plupart n'ont pas moins de quatorze mètres d'élévation ! Monument colossal et à la fois gracieux, dont les exquises proportions et les magnificences architecturales frappent d'admiration tous ceux qui le visitent. (1).

Alors l'église comptait soixante-douze chanoines (et ce nombre resta le même jusqu'à la grande révolution française), quatre-vingts ecclésiastiques, chapelains ou autres prêtres attachés au chœur, qui, tous les jours, chantaient les louanges de Dieu.

(1) La longueur de la basilique de Saint-Quentin, dans œuvre, depuis le seuil du grand portail jusqu'au fond de la chapelle de la Vierge, est de 123 mètres; elle est, hors œuvre, de 130 mètres; sa plus grande largeur est de 48 mètres dans œuvre, et de 52 mètres hors œuvre. Enfin, elle a 35 mètres de hauteur sous voûte, et 52 mètres depuis le dallage jusqu'au faîte des grands combles.

« Le vaisseau, dans sa longueur, est divisé en six parties distinctes; le narthex avec deux travées; la nef avec six travées; les premiers transsepts; le chœur avec quatre travées; un second système de transsepts; et l'abside à sept pans. La nef est flanquée de deux collatéraux et de deux rangs de chapelles; le chœur a quatre collatéraux, un rang de chapelles au midi, et une chapelle et la sacristie au nord; l'abside est entourée d'un collatéral et de sept grandes chapelles. » P. BÉNARD, *Collégiale de Saint-Quentin*, (2ᵉ opusc.). Paris, 1875, Librairie centrale d'architecture, 13, rue Bonaparte.

Les rois étaient reconnus comme chanoines honoraires de l'insigne Chapitre de Saint-Quentin, et une stalle leur était assignée dans le chœur de la basilique, appelée dès lors basilique royale. Des conciles se tinrent dans son enceinte, des hommes célèbres dans les arts, dans les sciences, de saints et d'illustres personnages s'élevèrent à son ombre, qui devinrent plus tard des ministres d'État, des littérateurs, des historiens distingués, des évêques, des archevêques, des cardinaux ; elle donna même un pape à l'Église, Martin IV. La ville lui doit, au XIIe siècle, la fondation de son collège, comme elle lui dut, en 527, la fameuse école d'Alomer.

II

Ainsi l'influence du Chapitre de la basilique grandissait, et cette influence était sans cesse entretenue par la vénération qui s'attachait au tombeau séculaire et aux reliques sacrées du glorieux Martyr. C'est ce tombeau que venaient visiter les populations environnantes dans leurs majestueux pèlerinages, plusieurs fois renouvelés chaque année. Il n'était pas enfant du Vermandois qui ne sût, dès son jeune âge, le chemin du sanctuaire fameux qui renfermait les dépouilles insignes du Martyr, patron de la contrée. On y venait « de tous les lieux du monde, » selon que nous le disent les chanoines de la basilique, dans une commission qu'ils donnèrent, en 1434, à ceux qui étaient chargés de recueillir les aumônes pour l'achèvement de l'église. Les pèlerins affluaient, des contrées les plus éloignées, soit pour faire, en l'honneur de saint Quentin, la *grande neuvaine,* qui consistait à assister, pendant neuf jours, à toutes les parties de l'office, un cierge à la main, et à jeûner en même temps; soit pour faire la *petite neuvaine,* qui consistait à venir prier, aussi pendant neuf jours, au moins une fois chaque jour, devant les reliques de saint Quentin.

Les rois ne se contentaient pas d'envoyer des dons magnifiques à l'église; eux-mêmes venaient en personne visiter et vénérer le tombeau du glorieux Martyr. Vraisemblablement Charlemagne y vint plusieurs fois, lui dont les somptueuses largesses aidèrent si puissamment l'abbé Fulrad dans la construction de l'église. Ce fut sans doute dans un de ses pèlerinages que le pieux monarque fit don au chapitre de Saint-Quentin de la terre et de la seigneurie de Fontaine-lès-Clercs, de tous les ornements de sa chapelle impériale, d'un calice d'or du poids de trente-six marcs, d'une croix, de deux chandeliers d'argent, et d'un livre d'Évangiles, dont la couverture était enrichie d'or et de pierres précieuses (1). Charles-le-Chauve vint jusqu'à sept fois faire son pèlerinage au tombeau de saint Quentin; ce monarque daigna, en 845, assister à la translation du corps de saint Cassien, évêque d'Autun, dans la crypte de l'abbé Hugues (2); et alors il concéda à la basilique la terre de Tugny et son domaine (3), à la condition

(1) Le livre d'Evangiles, dit Evangéliaire de Charlemagne, aujourd'hui dépouillé de sa riche couverture, est encore conservé dans le trésor de la basilique de Saint-Quentin.

(2) L'abbé Hugues ayant obtenu de Mauduin, évêque d'Autun, le corps entier de saint Cassien, ancien évêque d'Autun, le fit transférer en la crypte bâtie par lui, dans une tombe de pierre, à la droite du tombeau de saint Quentin.

Quarante-cinq ans après, la même crypte recevait le corps de saint Victorice, l'un des onze compagnons du glorieux martyr du Vermandois, que le Chapitre avait pu obtenir de l'évêque d'Amiens, Otger, ancien chanoine de Saint-Quentin. Le corps de saint Victorice fut placé, dans la crypte, à la gauche du tombeau de saint Quentin.

(3) « Grâce à ce revenu et aux nombreux présents qu'on reçut de toutes parts, on put augmenter la magnificence de ce luminaire, qui devint fameux. On avait fait fondre une immense couronne qui, attachée par une chaîne de fer à la voûte du chœur, pendait devant le grand autel. Elle était faite de cuivre argenté; son diamètre mesurait 16 pieds; sa circonférence était garnie de douze petites tours, sous lesquelles étaient inscrits les noms des apôtres, et plus bas, deux vers latins expliquaient le martyre de

que serait entretenu un luminaire dans la dite crypte, en l'honneur de saint Quentin et de saint Cassien. Qui ne sait combien Philippe-Auguste avait de vénération pour le glorieux Martyr, patron du Vermandois ? Plusieurs chartes, données par lui, en témoignent ; le prince déclare textuellement les accorder « pour l'amour de Dieu et la révérence de M. Saint Quentin » dont il entend sauvegarder les droits en toutes choses. Philippe-Auguste vint, en 1213, visiter la ville et le tombeau de saint Quentin.

Mais, entre tous les princes, saint Louis (nous aimons à le proclamer), se distingua par sa dévotion en l'honneur de notre glorieux Martyr. Plusieurs fois il vint vénérer son tombeau ; chaque fois il enrichit la basilique, en grande partie édifiée par lui, de reliques précieuses : entre autres, de la relique très-insigne de la vraie croix, encore conservée aujourd'hui, dans le trésor de l'église (1). Ne daigna-t-il pas même, dans son pèlerinage de

saint Quentin. Chaque intervalle avait une petite pointe destinée à porter un cierge. Le comte faisait allumer cette couronne aux jours de solennité. Il n'y eut peut-être jamais, dans une église de France, de luminaire plus brillant. » *Histoire de la ville de Saint-Quentin*, par GEORGES LECOCQ. Saint-Quentin, 1875, imprimerie Charles Poëtte.

(1) Cette relique, dont l'authenticité a été reconnue lors de la restauration du culte, en 1801, fut sauvée des fureurs révolutionnaires par M. Pierre-Jean-Charles Da-

1257, alors qu'étaient entièrement achevés le chœur et le sanctuaire de la basilique actuelle, prendre, ainsi que ses fils, sur ses royales épaules les reliques de saint Quentin, de saint Victorice et de saint Cassien, et les transporter, de l'ancienne église, dans le sanctuaire de la nouvelle, au centre d'un édicule élevé derrière le maître-autel.

Et si nous ne pouvons rapporter ici les noms de tous les rois de France qui vinrent vénérer pieusement le tombeau et les reliques du généreux Martyr, Patron de la cité, ne devons-nous pas encore mentionner, entre autres visites royales, celles de Charles VI, de Louis XI, de Henri IV, de Louis XIII, de Louis XIV, etc., qui furent précieuses pour la basilique et en même temps pour la cité ?

III

Nous parlons des pèlerinages établis en l'honneur de saint Quentin ; nous devons parler de ses fêtes, qui attiraient dans la capitale du Ver-

---

cheux, orfèvre, dont la famille existe encore à Saint-Quentin. Elle mesure 0″ 10,007 de longueur, 0″ 02,002 dans sa plus grande largeur, 0″ 01,002 dans sa largeur moindre, 0″ 01,002 d'épaisseur. Le même petit reliquaire qui la renfermait autrefois, a été conservé ; il est placé au bas d'une grande croix-reliquaire en argent doré.

mandois des foules si nombreuses et donnaient lieu à des manifestations si imposantes.

La première et la principale était celle de sa Passion, ou de son martyre, le 31 octobre. De temps immémorial l'usage existait d'y engager les évêques des diocèses voisins, notamment l'évêque de Noyon, chef-lieu du diocèse, qui s'y rendait chaque année. « Les chanoines de la basilique, dit Paul Colliette (1), auraient regardé la fête de leur patron comme moins solennelle, s'ils n'eussent engagé quelques prélats à venir en relever la pompe par l'honneur de leur présence. » De toutes parts les populations environnantes accouraient à cette solennité. Une charte de Philippe-Auguste (1220) accordait un sauf-conduit général, à l'effet de faciliter, pendant les huit jours qui précèdent et suivent la fête, à tous les sujets ou tenanciers de la basilique, le voyage de Saint-Quentin. Des acteurs organisaient par les rues de nombreux théâtres ou *mystères*, où l'on jouait la passion et la mort du Martyr. Les scènes de ses douleurs et les différents actes de son supplice se gravaient ainsi dans la mémoire et dans le cœur des pieux fidèles. A cause de la coïncidence de cette fête avec la vigile de la Toussaint, le jeûne et l'abstinence de

---

(1) *Mémoires du Vermandois*, liv. VIII.

la vigile étaient fixés au jour précédent, 30 octobre, et les fidèles étaient même dispensés de l'abstinence de la viande, lorsque la veille de la Toussaint tombait un vendredi ou un samedi.

La deuxième fête était celle de l'Invention du corps du saint Martyr par saint Éloi; elle était aussi très-solennelle et se célébrait le 3 janvier. Pour rappeler la lumière éclatante qui avait jailli tout à coup, et la bonne odeur qui s'était répandue au moment où saint Éloi frappa de sa bêche la tombe du saint Martyr (1), le chapitre, dans cette circonstance solennelle, faisait allumer une grande quantité de cierges et brûler des parfums précieux à l'autel de cuivre, au côté gauche de l'entrée du chœur. Aujourd'hui encore, le dimanche qui suit le 3 janvier, l'une des châsses de saint Quentin est déposée, de grand matin, au haut de la nef, sous une immense pyramide de cierges allumés, et l'encens brûle tout autour dans des cassolettes. C'est cette fête, restée populaire, que l'on appelle, dans sa désignation significative, la fête de la Lumerie, ou l'Allumerie de saint Quentin.

La troisième fête se célébrait le 2 mai, sous le

(1) Voir page 139.

titre d'Élévation des corps de saint Quentin, saint Victorice et saint Cassien. Elle avait pour but d'honorer l'*élévation*, c'est-à-dire la translation faite par saint Louis, en 1257, des trois corps saints dans l'édicule élevé derrière le maître-autel, translation dont nous avons parlé plus haut. Le peuple aimait cette fête qui lui rappelait, avec le souvenir du grand roi, bienfaiteur de l'église et de la ville de Saint-Quentin, celui des prodiges qui avaient accompagné cette translation (1). Il se plaisait à unir, dans un même sentiment de reconnaissance, la mémoire de saint Quentin et celle de saint Louis; et son attachement aux rois de France, successeurs du pieux et glorieux monarque, n'en était, nous disent les historiens, que plus vif et plus profond (2).

Ainsi, par suite de la haute influence et de la

(1) On cite, entre autres prodiges, la guérison d'une femme aveugle depuis deux ans, qui, venue d'Amiens à cette solennité, recouvra subitement la vue.
(2) Outre ces fêtes, observées par le peuple, le Chapitre de la basilique en célébrait encore d'autres moins solennellement; par exemple, la fête de l'Invention du corps de saint Quentin, par sainte Eusébie, le 23 juin; la fête de la Translation des reliques de saint Quentin, dans la crypte de Fulrad, le 25 octobre; la fête de la Reddition du Chef de saint Quentin par les Espagnols, le 14 septembre; la fête de la Tumulation des corps de saint Quentin, saint Victorice et saint Cassien, le 12 janvier, etc.

grande renommée que s'était justement acquises le clergé de la basilique, par suite de la vénération qui amenait les populations les plus éloignées au tombeau de saint Quentin et aux solennités qui avaient lieu plusieurs fois chaque année, le culte du glorieux Martyr se trouvait mêlé aux grands événements de la cité, et l'histoire religieuse de saint Quentin, jusqu'à la fin du siècle dernier, marcha de pair avec son histoire civile.

Chose étonnante! les saints, dont la vie, toute pleine d'humilité, semble n'avoir qu'une action restreinte et bornée par le temps, conquièrent après leur mort une influence que nul n'aurait jamais pu soupçonner. Leur nom, comme une auréole bénie, plane sur les pays et sur les peuples. Dieu se plaît à communiquer à leur mémoire une vertu merveilleuse qui remue les masses et suscite les grandes manifestations. Les grands, les rois viennent visiter leur tombeau; le peuple, les petits, tous ceux qui pleurent et tous ceux qui souffrent viennent se prosterner et prier sur les dalles de leurs sanctuaires. L'apostolat posthume qu'ils exercent est mille fois plus puissant et plus fécond, que n'ont été fécondes et puissantes les œuvres de leur vie. Leur gloire, toujours accrue d'âge en âge, est à la fois une gloire catholique et une gloire nationale.

CHAPITRE QUATRIÈME

DU MIRACLE. — NOMBREUX MIRACLES OPÉRÉS
AU TOMBEAU DE SAINT QUENTIN.

Dieu est admirable dans ses saints (1). Non-seulement il garde leurs dépouilles mortelles et les découvre à l'heure que lui-même a déterminée dans ses desseins suprêmes, mais il se plaît à glorifier les saints, qui sont ses élus et ses amis. C'est pour lui comme un instinct paternel et comme un mystérieux besoin qui semble tenir plus de l'habitude que d'un acte direct et isolé de sa Providence. Faut-il remuer le monde ? Il le fera. Il se servira même, pour manifester leur sainteté ou leur crédit auprès de lui, de ces prodiges surnaturels qui sont les merveilles de sa bonté et de sa toute-puissance : les Miracles.

(1) Psalm. LXVII, 36.

I

Nous vivons dans une société où l'on ne veut plus de miracles. Quel est ce soi-disant esprit fort qui affirmait, il y a quelques années, que si un miracle se faisait sur une des places publiques de Paris, il ne se dérangerait pas pour l'aller voir? Quel moyen de raisonner ou de discuter avec de tels esprits, qui, naturellement, se croient de très-grands savants? Pour eux, tout miracle est, de prime-abord, réputé comme impossible.

Qu'on les prie de remarquer que, le miracle étant un fait accompli par Dieu, la Toute-Puissance même, Dieu peut bien faire des miracles, parce que, dit Jean-Jacques Rousseau lui-même, il peut déroger aux lois qu'il a établies (1). — Leur réponse sera que Dieu s'est interdit cette faculté, et qu'il ne peut enfreindre les lois posées par lui, sans être ou variable, ou imprévoyant.

Qu'on presse l'argument et qu'on ajoute que, la loi étant l'expression de la volonté divine, Dieu, qui a établi telle ou telle loi, a prévu et voulu les différents cas où il resterait libre d'y déroger;

---

(1) 3ᵉ Lettre de la Montagne.

conséquemment, qu'il ne pourra jamais être ni variable ni imprévoyant. Ils vous diront qu'il ne s'agit pas là d'arguments à leur présenter, que le miracle leur déplaît ou leur répugne, et que d'ailleurs il est opposé à la science; et ils vous parleront physique, chimie, ou géologie.

Qu'on leur prouve que la vraie science est loin d'être opposée au miracle, que, tout au contraire, elle l'affirme et le proclame, en le constatant. Ils demanderont triomphalement qu'un miracle se fasse devant l'Académie des sciences ou devant eux-mêmes, et vous les verrez affecter des airs de dédain, et encore passer outre.

Qu'on ajoute enfin que, le miracle étant l'acte souverain qui annonce le mieux et le plus populairement l'opération ou l'intervention divine, refuser à Dieu la possibilité de faire des miracles, c'est non-seulement lui dénier ses attributs divins, et particulièrement sa toute-puissance, mais c'est lui refuser la simple puissance de se manifester dans l'ordre qui lui est propre, puissance que nous ne refusons à aucun être, pas même au grain de sable, qui, placé dans un rouage, manifeste sa présence par une force propre de résistance. — Ils vous répondront qu'ils n'admettent pas de force propre et de semblable manifestation en Dieu, que ce sont là puérilités et superstitions grossières, que Dieu n'a pas besoin de se manifester et que d'ailleurs il n'y a pas de surnaturel.

Ah ! nous comprenons parfaitement qu'ils ne veuillent pas de surnaturel, ni de manifestation de la part de Dieu. Car alors c'est Dieu présent, Dieu souverain maître et dominateur puissant, censeur et juge de toute vie humaine. Cette pensée, qui est si consolante pour le juste, est pour eux un remords et à la fois une menace, et elle les gêne toujours quelque peu. Si le moindre ou le plus innocent des faits naturels qui frappent nos regards, allons plus loin, si le plus vulgaire des axiomes universellement admis, par exemple, « deux et deux font quatre, » avait quelque rapport avec les mœurs et tendait à réprimer la licence humaine, il y a longtemps qu'il serait, lui aussi, censuré, condamné, supprimé. Mais nul ne peut supprimer Dieu ; nul ne peut supprimer l'action de Dieu.

Considérons d'ailleurs le miracle dans sa plus simple expression, comme un acte, un fait existant ; ce fait, qui l'a produit ? Vous verra-t-on, superbes contempteurs du miracle, le nier comme fait ? Mais il est attesté par des milliers de témoins, au milieu desquels se lèvent les personnages les plus considérables et les plus vénérés, des princes, des évêques, des sages, des savants. Tous attestent ce que leurs yeux ont vu, ce que leurs oreilles ont entendu. Aucun des faits historiques que vous admettez, n'est ni mieux appuyé, ni plus avéré, que celui qui est en cause dans cette circonstance miraculeuse. Direz-vous que le fait peut s'expliquer au point de vue naturel? Vous l'essayez quelquefois, et les explications que vous donnez sont tout aussi impossibles que le miracle lui-même. Le plus souvent vous vous contentez de trouver le fait inexplicable, étrange, impossible; et c'est pour cela que vous le niez. Mais, de grâce, soyez donc logiques. On ne nie pas un fait, dont les preuves s'imposent. Qu'il soit inexplicable et impossible, en regard des seules forces naturelles, nous l'avouons avec vous; mais ce n'est pas une raison de le nier. Si l'impossible ne peut être le fait de l'homme, il doit être et il est le fait de Dieu. Cet acte indéniable, que vous jugez impossible, est donc l'acte de Dieu.

Les miracles ont dû être très-nombreux au commencement de l'Église. Comment expliquer autrement la propagation si étonnante et si rapide de l'Évangile? Sans une action continuelle de Dieu, attestant la divinité de la religion, jamais n'auraient pu prévaloir, soit une doctrine heurtant toutes les idées alors reçues, soit une morale condamnant toutes les dépravations païennes.

Pour être aujourd'hui moins nombreux, les miracles n'ont pas cessé. Dieu n'a pas enchaîné son bras; il est toujours, comme dit Bossuet, l'Être libre dans sa toute-puissance.

Il est donc impossible d'être chrétien sans croire à la *possibilité* des miracles; il est encore impossible d'être chrétien sans croire à la *réalité* des miracles consignés dans l'Écriture, ou que l'Église propose à notre foi. En-dehors de là, on serait téméraire, plus ou moins, de nier des faits miraculeux dont les preuves, vraiment graves et fortes, s'imposent plus ou moins à notre raison.

Pour ce qui est de certains faits ou de certains détails, qu'une critique sérieuse devra nécessairement réduire aux proportions de faits simplement naturels, ou de pieuses fictions, ou de légendes embellies par le zèle des auteurs, la piété peut s'en édifier, la foi n'a pas à y prendre part. Sur ce point, dit Mgr Freppel, il faut éviter, avec un soin égal, la crédulité et le scepticisme. « Que l'imagination des légendaires ait mêlé parfois la fiction à l'histoire, cela me paraît tout aussi certain que la réalité d'un grand nombre de miracles, dont une raison, droite et impartiale, ne saurait douter (1). »

(1) *Saint Irénée*, 4e leçon.

II

Ces considérations ainsi développées et ces principes posés, donnons quelques détails généraux sur le nombre et l'authenticité des miracles attribués à l'intercession de notre saint Patron. Citons les vieux auteurs qui nous en ont transmis les relations; citons même deux faits plus récents, avec les preuves qui les appuient, sans prétendre toutefois décider qu'ils sont de vrais miracles (ce qui ne nous appartient pas), mais pour l'édification de nos lecteurs, et afin de montrer combien était grande la confiance, assurément très-justifiée, des populations du Vermandois envers le glorieux martyr saint Quentin.

Le manuscrit du chanoine Raimbert, conservé dans le trésor de la basilique de Saint-Quentin, rapporte un grand nombre de miracles dont les preuves y sont relatées. Le récit de ces faits miraculeux est, en grande partie, la reproduction d'un manuscrit du ixe siècle, intitulé : *Le Livre des miracles de saint Quentin*, livre où sont rapportés non-seulement les prodiges accomplis dans les temps qui suivirent immédiatement la mort du glorieux Martyr, mais encore des miracles faits au ixe siècle, de 800 à 835, et que l'auteur a vus lui-même. Le manuscrit ajoute que Dieu a tellement multiplié les faits miraculeux auprès du tombeau de saint Quentin, que ceux-là y venaient en pleine et ferme confiance qui n'avaient pas trouvé ailleurs leur guérison.

Au xe siècle, un moine de l'abbaye d'Isle, publia « d'après le témoignage de ses frères, » le *Livre des miracles arrivés en l'Isle* (1).

Au xve siècle, un auteur, que cite Paul Colliette, sans dire son nom, parle des « signes admirables arrivés alors au tombeau de saint Quentin (2). »

Claude de la Fons (3), au xviie siècle, rapporte les prodiges anciens, puis un certain nombre d'autres miracles arrivés de son temps. Il constate que saint Quentin était particulièrement honoré en cas d'hydropisie. A ce sujet, il nous parle d'une vénérable et antique coutume qui existait alors, celle des *contre-poids*. Tous les malades atteints d'hydropisie, pendant la neuvaine de prières qu'ils adressaient au saint Martyr, se faisaient peser chaque jour dans l'église, au moyen de balances, afin de connaître si leur maladie avait diminué.

---

(1) Paul Colliette, tome I.
(2) *Ibidem.* — CLAUDE DE LA FONS. *Vie de saint Quentin.*
(3) *Ibidem.*

En cas d'amélioration, ils offraient par reconnaissance, à la basilique du Martyr, des poids de cire, de blé, ou autre chose, égaux à la pesanteur de leur corps ; ce qui s'appelait contre-poids. Nous savons que cette cérémonie avait lieu dans la chapelle Saint-Pierre et Saint-Paul, la première à droite du petit portail Saint-Quentin. Dans cette chapelle étaient aussi distribuées les *lotions,* c'est-à-dire, les vases remplis d'eau dans laquelle on avait trempé quelques parties des reliques du Martyr, et qui servaient ensuite aux malades, soit pour boire, soit pour s'en laver (1).

Claude Bendier, au même siècle (2), après avoir raconté plusieurs prodiges attribués à la puissante intercession de saint Quentin, nous donne tout au long le récit d'une guérison miraculeuse dont il a été lui-même « témoin oculaire, ainsi qu'un grand nombre d'habitants de la ville. » Nous rapportons son récit, et aussi celui d'un miracle arrivé en 1563, dont le procès-verbal notarié se trouve encore aujourd'hui dans les archives de la basilique.

« M. Eloi Souillard, prêtre, natif de la ville de Noyon, revenant d'un voyage de Rome, où il avait été accomplir quelque vœu, fut affligé dans

(1) QUENTIN DE LA FONS. *Histoire particulière de l'église de Saint-Quentin,* publiée par M. Ch. Gomart.
(2) *La Vie du très-illustre martyr saint Quentin.*

le chemin d'une hydropisie très-fâcheuse. Dieu ne laissa pas que de lui donner la force de se transporter en cet état jusqu'en cette ville de Saint-Quentin. Mais, y étant arrivé sur la fin du mois de septembre de l'année 1672, il lui fut impossible de passer outre et de se rendre au lieu de sa résidence, quoiqu'il n'en fût éloigné que de 10 lieues. Se voyant privé de tout secours, la nécessité l'obligea de se réfugier à l'Hôtel-Dieu de cette même ville. Il y fut reçu avec la charité qui y est ordinaire. Mais, quoiqu'on lui rendît tous les bons offices possibles, on ne put néanmoins lui apporter aucun soulagement en son mal. Au contraire, son enflure augmenta de telle sorte, que les médecins, désespérant de sa santé, furent d'avis que, sans délai, on lui donnât l'Extrême-Onction; et il la reçut en effet. Ce fut alors qu'il eut recours, après Dieu, aux mérites du glorieux saint Quentin.

« Maître Jean Brunot, prêtre-chapelain et commis aux malades du même hôpital, n'avait pas manqué de l'exhorter d'abord à cette dévotion; et, pour l'y porter davantage, il lui avait représenté l'exemple du vénérable et fameux prêtre Erchambode, qui était aussi de la ville de Noyon, et qui vint autrefois en celle de Saint-Quentin, au sujet d'une enflure, dont il fut miraculeusement guéri par l'intercession de ce saint Martyr (environ l'année 770); lui faisant entendre que cet exemple devait lui donner d'autant plus de confiance pour sa guérison, que c'était en ce même temps que l'Église en célébrait la mémoire, suivant la coutume qu'elle a tous les ans au mois de septembre, les jours qu'elle fait l'office de son saint Patron. Le malade profita de ces avis salutaires, de manière qu'après deux neuvaines consécutives que l'on fit en son nom à saint Quentin, sans aucun succès, il en recommença lui-même une troisième, le jour de la grande fête de ce saint, qui est le dernier d'octobre, après avoir revêtu une chemise qui avait touché à son chef.

« Le sixième jour de cette neuvaine, il se sentit inspiré, vers les neuf heures du soir, de réclamer avec plus de ferveur qu'il n'avait encore fait, le secours de ce saint Martyr; de sorte que, s'étant doucement endormi dans sa prière, à son réveil qui fut vers la minuit, il se trouva parfaitement guéri, sans sueur, ni même autre évacuation de son corps, et sans avoir pris aucun remède depuis trois semaines. Ce prodige jeta d'abord l'admiration dans l'esprit de tous ceux qui en eurent quelque connaissance. Mais, afin de savoir plus certainement si c'était un vrai miracle, les informations en furent faites juridiquement, et le tout communiqué aux docteurs de la ville, tant en théologie qu'en médecine, lesquels, après en avoir fait une exacte discussion, conclurent unanimement que cette guérison, si subite et si parfaite, ne pouvait pas être un effet de la nature, mais qu'il fallait nécessairement l'attribuer à une opération extraordinaire de la toute-puissance de Dieu, qui avait fait ce miracle en considération des mérites de saint Quentin.

« La vérité de cette merveille étant ainsi pleinement justifiée, on permit au convalescent d'accomplir entièrement son désir, et de venir en l'église du saint Martyr, son libérateur après Dieu, pour lui rendre publiquement des actions de grâces. Il y fut conduit en cérémonie, et selon l'ordre que Messieurs du chapitre de l'église lui avaient prescrit, assista à la grand'messe dans les hautes formes (ou stalles) du chœur, tenant à la main un cierge ardent, qu'il porta ensuite pour offrande en présence d'une grande foule de peuple, au chef du saint Martyr, pendant que la musique chantait à ce sujet son antienne et ses louanges. Après quoi, le dit maître Éloi Souillard retourna en parfaite santé au lieu de sa demeure. Et, pour laisser un monument à la postérité de la grande faveur qu'il a reçue, on a exposé son portrait à la trésorerie de l'église, où il est représenté dans un tableau, priant à genoux devant l'image de son bienfaiteur, notre glorieux Martyr, que Dieu rend de jour en jour plus illustre par de nouveaux prodiges.

« Suivent les approbations et signatures des docteurs en théologie : *F.-N. Lecat*, ex-définiteur de l'ordre de Saint-François ; *C. Bendier*, chanoine et official ; *F.-P. Bergoin*, prieur du couvent des Frères-Prêcheurs ; *P. Le Caron*, théologal ; et des docteurs en médecine : *Emmeré, Féro, Pezé* et *Boutillier*, tous habitants de la ville de Saint-Quentin. »

Nous rapportons maintenant, en lui laissant son style et son orthographe, le miracle arrivé en 1563, dont le procès-verbal se trouve conservé dans les archives de la basilique.

« Par devant moy nottaire apostolique juré et deubement immatriculé suivant l'édit du roy, résidant à Amyens, en la paroisse de Saint-Michel, en la présence des tesmoins y après nommez, fut présente en sa personne Marie Sallé, vefve de Robert Hubault, vivant marchand libraire et imprimeur, demeurant en cette ville d'Amyens, laquelle a dit et déclaré que sous environ onze ans (auquel tems vivait encore son dit mary), Henry Hubault, leur fils, estoit pour lors aagé d'environ onze ans, à présent M⁰ ès arts, étudiant en théologie en l'Université de Paris, auroit été affligé et grandement incommodé d'une ydropisie, ou enflé de telle sorte que la gangrène seroit survenue ; pourquoy ledit deffunt et ladite Sallé auroient emploiié a se secours de tous les remèdes possibles, tant spirituels que temporels, qu'y n'auroient produit aucun effet pour le soulagement ou guérison dudit Henry Hubault, et ne savoient plus de quoi faire ; lorsque le vénérable et discret M° Germain Rohault, prêtre-chanoine de l'église royalle de Saint-Quentin, étant pour lors en cette ville, lui auroit fait entendre les grands mérites dudit saint Quentin et le grand soulagement que recupèrent ceulx quy le réclamoient, ayant pareilles incommoditez.

Ensuite de quoy les ditz Hubault Sallé auroient imploré l'ayde dudit Saint et fait faire une neufvaine dans ladite église de Saint-Quentin ; ce qu'étant fait et achevé et ayant mis sur le corps du dit Henry Hubault une chemise quy avait touché aux reliques de ce saint, il aurait, en une petite heure de temps, recouvré entièrement la santé ; dont et de tout ce que dessus vénérable et discret M° Pierre Despouhy, aussy prêtre chanoine de Saint-Quentin et le dit sieur Rohault estant présent en cette dite ville d'Amyens, m'ont requis acte. Le présent à eulx accordé, au dit

Amyens, ce quinzième jour de novembre 1563.

Présents :

Mᵉ François Bernard, pour procuration de la cour spirituelle d'Amyens, et Charles le Sobre, maître maçon, demeurant auquel (lieu).

Signé :

Marie Sallé ;
Bernard ;
Charles Le Sobre ;
J. Bacquet (nom probable du notaire).

CHAPITRE CINQUIÈME

PROPAGATION DU CULTE DE SAINT QUENTIN
EN FRANCE, EN BELGIQUE ET DANS D'AUTRES PAYS.

S'il est un nom resté populaire, non-seulement en France, mais dans le monde chrétien tout entier, c'est bien, après celui du plus grand apôtre des Gaules, saint Martin, le nom de l'illustre apôtre d'Amiens et de notre pays, saint Quentin.

I

Les récits des diverses scènes de son martyre, lus et médités dans l'assemblée des fidèles, la force invincible qu'il manifesta, force qui témoignait si hautement de la grâce et de la vertu de Dieu qui étaient en lui, les miracles arrivés lors des inventions providentielles de son corps, et ceux qui se multiplièrent à son tombeau, ou en d'autres lieux, par son intercession puissante, tout concourut à donner à son culte une extension et une célébrité particulières. Il n'est pas même pour avoir propagé à l'extérieur sa glorieuse mémoire, comme les compagnons zélés de son héroïque et fécond apostolat (1), et encore, comme cette sainte, sa parente, venue de Rome peu après sainte Eusébie [362], afin de vénérer ses restes mortels, et de poursuivre, autant qu'il serait en elle, avec ses onze compagnes, la mission apostolique qu'il avait commencée.

Il est bien difficile de parler du culte de saint Quentin sans parler de sainte Benoîte. N'est-ce pas pour invoquer le glorieux Martyr à son tombeau et répandre aux alentours la gloire de son nom avec l'amour du divin Sauveur Jésus, qu'elle quitta sa patrie, sa famille, ses espérances selon le monde, tout cet ensemble de félicités et de jouissances terrestres dont les âmes séculières ont tant de peine à se détacher ? Ne dit-elle pas, selon les vieilles chroniques (2), arrivant et se fixant dans nos contrées : « O mon Dieu ! c'est ici mon repos pour jamais, selon votre bon plaisir. Le pays qui possède saint Quentin possèdera Benoîte, sa cousine et sa servante. Il ne faut qu'une terre pour nos deux corps, comme un ciel pour nos deux âmes. » Et quel ne fut pas son zèle pour étendre et pro-

(1) Ceci ressort de plusieurs passages de l'ancienne liturgie.
(2) Miroir d'Origny.

pager, par son influence de sainte et d'apôtre, le culte de notre glorieux Martyr ?

Le temps venait d'ailleurs où, en outre de la chapelle établie sur le tombeau de l'apôtre du Vermandois, une autre chapelle serait édifiée en son honneur à l'extrémité *est* de la ville d'Augusta, sur l'îlot de la Somme, auprès duquel eut lieu la miraculeuse invention de son corps. Ce fut le commencement de cette abbaye fameuse de Saint-Quentin en l'Isle, « la première fille de la basilique, » comme disent les vieux auteurs, abbaye qui resta si célèbre par les siècles (1). Bientôt une

(1) Les clercs de la chapelle, ou église de Sainte-Eusébie, avaient commis, à la garde de cet oratoire, quelques prêtres qui devaient y prier et y recevoir les offrandes des pèlerins. Bientôt une communauté séculière y fut constituée ; mais elle souffrit beaucoup des invasions et des incursions dévastatrices de ces temps malheureux.

Au xe siècle, Anselme, chanoine de Saint-Quentin, et abbé de cette pauvre église, résolut de la réformer et d'y introduire les moines réguliers de l'ordre de Saint-Benoît. Il confia ce projet à Albert, comte de Vermandois, qui lui promit son concours et son assistance ; et, quelques années après [964], les moines d'Homblières occupaient, dit Mabillon, l'enceinte de l'abbaye ; les chanoines séculiers étaient remplacés par des moines bénédictins. Ce monastère fut très-florissant alors ; les libéralités d'Albert le pieux et du chapitre de Saint-Quentin le firent prospérer ; cinq cents années consolidèrent encore son existence et sa fortune. Mais les guerres malheureuses qui désolèrent, au xvie siècle, le Vermandois, ayant amené, lors de la prise de Saint-Quentin [1557], sa totale destruction, les moines

autre abbaye, celle du Mont-Saint-Quentin, près de Péronne (1), s'éleva sous le glorieux patronage de notre illustre Martyr [640]. Elle eut pour fondateur Erchinoald, seigneur de Péronne plus tard maire du palais sous Clovis II, et son église fut consacrée par saint Eloi. D'autres abbayes prirent aussi le nom et se placèrent sous la protection puissante de saint Quentin : celle de Saint-Tron, au diocèse de Liège, primitivement dédiée à saint Quentin et à saint Remi [662], celle de Tin-le-Moutier, au diocèse de Reims, de Saint-Quentin-sous-Beauvais, au diocèse de Beauvais, de Notre-Dame et des Martyrs saint Laurent et saint Quentin, à Joyenval, diocèse de Chartres. Vers l'an 684, sainte Aldegonde, patronne des chanoinesses de Maubeuge, fit bâtir, dans cette dernière ville, une église en l'honneur de saint Quentin.

Des pèlerinages s'établirent en même temps aux lieux qui furent les témoins de la prédication

furent transférés, de l'île de la Somme, dans l'intérieur de la ville, où ils avaient déjà une maison de refuge. Le nouveau monastère, construit et doté par la munificence de Regnault Leblond, compta encore des jours de gloire et de splendeur ; il subsista jusqu'à la Révolution française. Les bâtiments qui nous en restent sont, depuis ce temps, une filature de coton.

(1) A Péronne, il y eut deux églises dédiées à saint Quentin.

et des souffrances de notre illustre Martyr; à Amiens, où plus tard on transforma en chapelle la prison où il avait été renfermé; à Bayonvilliers, à Quiquery, à Holnon, lieux visités par le saint Apôtre, au moment où il fut transféré d'Amiens à Auguste de Vermandois. Dans quelques-unes de ces localités, des fontaines avaient jailli, dont les eaux, salutairement efficaces, étaient pieusement employées par de nombreux malades pour la guérison de leurs maux.

Les reliques du glorieux Martyr, transportées en divers lieux à l'époque des grandes invasions, ou même en d'autres temps (1), et les dons qui furent faits de quelques parcelles de son corps précieux à plusieurs sanctuaires vénérés, servirent encore à propager et à étendre au loin le culte de notre saint Patron.

Car il entre quelquefois dans les desseins de Dieu, dit saint Paulin (2), que les restes mortels

(1) Par exemple, au IXe siècle, quand les seigneurs de Sinceny ayant usurpé les terres du chapitre de Saint-Quentin, celui-ci fit transporter à Sinceny même le corps de son glorieux patron, et *les usurpateurs, craignant le jugement de Dieu, se départirent de leur invasion;* plus tard encore, quand les reliques de saint Quentin, portées processionnellement dans des pays même éloignés, servaient à recueillir de nombreuses aumônes pour la construction de la basilique.

(2) *Paulini Poemat.*, XIX.

de ses élus, sources de lumières, de grâces et de guérisons corporelles, soient honorés dans des lieux qu'ils n'avaient jamais habités, ni même visités pendant leur vie. Là où son œil divin découvre une nuit plus profonde, des croyances plus hésitantes, des séductions plus dangereuses, il fait arriver les ossements bénis de ses saints. Il leur ordonne d'y choisir une habitation nouvelle, et d'y répandre de nombreux bienfaits, en même temps qu'ils y recevront de nombreux hommages. C'est ainsi que les reliques de saint Quentin, transportées même momentanément à Laon, à Beauvais, à Cambrai, servirent à étendre le culte de notre saint Martyr dans chacune de ces trois cités. C'est ainsi qu'à Besançon, en 890 (1), les mêmes reliques, momentanément conservées pendant quelque temps, y recueillirent de tels hommages, qu'une église y fut bâtie en l'honneur de saint Quentin ; puis, après la destruction de l'église, une tour et une chapelle furent construites et toutes deux placées sous le vocable de notre saint Martyr. Le nom de saint Quentin est conservé encore aujourd'hui à une place, voisine du lieu où était élevée l'ancienne église (2).

(1) *Essai sur l'histoire de la Franche-Comté*, par M. Edouard Clerc. Besançon, Bintot, 1840.
(2) « Cette église de Saint-Quentin, édifiée en l'an 1047,

Ajouterons-nous, avec Paul Colliette (1), que du temps de saint Louis, au xiiie siècle, un certain nombre d'églises, en France, furent dédiées à saint Quentin, parce que les chanoines de la basilique, ayant fait don de quelques parcelles du corps de notre saint au pieux monarque et aux seigneurs de la cour, ceux-ci en disposèrent à l'égard de plusieurs églises qui, dès lors, se placèrent sous le patronage de l'auguste Martyr du Vermandois? Et n'est-ce pas pour la même raison que, peu après [1395], le culte de saint Quentin s'établit dans l'abbaye d'Ourscamp, au diocèse de Noyon; dans le prieuré de Donchery, près de Rethel; dans l'abbaye de Sainte-Marie, à Soissons; dans la paroisse de Saint-Remi, en la ville de Laon; dans celle de Saint-Jacques, à Amiens (2),

rebâtie en 1315, a disparu à la fin du xviie siècle pour donner son nom à une place qui le conserve encore aujourd'hui. Son titre, reporté sur une chapelle bâtie dans la tour Saint-Quentin (au coin de la grande rue et de la rue Ronchain), s'est éteint en 1793. La chapelle elle-même a disparu avec la vieille tour, il y a vingt ans environ. »

« Dans le diocèse de Besançon, il y a encore une église rurale, consacrée à saint Quentin, celle de Lambrey, (Haute-Saône), paroissiale dès le xiiie siècle. »

(Note envoyée par M. Gauthier, archiviste du département du Doubs.)

(1) *Mémoires du Vermandois*, liv. XV.

(2) Le culte de saint Quentin existait déjà depuis longtemps à Amiens. « Au xiiie siècle, dit M. Salmon, une des

dans la chapelle du grand hôpital, à Reims, abbayes ou églises auxquelles avaient été envoyées des reliques de notre saint Martyr (1).

Ainsi Dieu veut-il quelquefois, comme le dit admirablement Mgr Pie (2), que « les saints, même après qu'ils sont arrivés au terme de leur pèlerinage mortel, se résignent encore à redevenir voyageurs, et que, dans ces pérégrinations posthumes, ils portent le bienfait de la grâce, » et demandent des honneurs nouveaux, « à d'autres peuples qu'à ceux qu'ils avaient évangélisés de leur vivant. »

Peu à peu, on le voit, le culte de saint Quentin se propage dans toute la France. D'abord, nous

chapelles de la cathédrale lui fut dédiée et elle conserve toujours son antique vocable. »

(1) Certaines inductions nous donnent lieu de penser que le culte de saint Quentin s'est propagé de la même manière sur le territoire de Lille et d'Arras. Sainte Rictrude, abbesse de Marchiennes [680], ayant sans doute obtenu quelques-unes des reliques que saint Eloi avait détachées des restes précieux du Martyr, lors de la seconde invention, en 648, les donna à quelques églises, peut-être en partie à l'église d'Hailcourt, près Arras, plus tard appelé Escourt-Saint-Quentin. Toujours est-il que le culte de saint Quentin est établi, de temps immémorial, dans la paroisse d'Escourt. Il y avait autrefois un pèlerinage très-fréquenté, et on y invoquait saint Quentin en cas d'hydropisie. On y fait encore aujourd'hui une neuvaine très-solennelle, lors de la grande fête d'octobre.

(2) Œuvres de Mgr Pie, tome III.

le voyons rayonner autour de la ville qui conserve son tombeau. Dans la seule circonscription du diocèse actuel de Soissons, plus de trente paroisses nous apparaissent, dès les temps les plus reculés, comme dédiées à saint Quentin. Puis, le culte s'étend à l'Ouest, au Nord, à l'Est, au Midi. La fête de saint Quentin, insérée dans la liturgie mosarabique, est célébrée dans un très-grand nombre de diocèses, au jour anniversaire de son martyre, et son nom prend place dans les anciennes litanies. Plus de cent cinquante églises, en France, sont placées sous son vocable, et une trentaine de communes conservent encore aujourd'hui son nom.

II

Peut-être nous saura-t-on gré d'indiquer ici quelles sont les paroisses qui, dans la majeure partie des diocèses de France, reconnaissent saint Quentin pour patron.

PROVINCE ECCLÉSIASTIQUE DE REIMS

DIOCÈSE DE SOISSONS

Aizelles, canton de Craonne.
Amigny-Rouy, Chauny.
Anguilcourt-le-Sart, La Fère.

Athies,	canton de	Laon.
Beautor,		La Fère.
Berzy,		Soissons.
Brasles,		Château-Thierry.
Brie,		La Fère.
Brissay-Choigny,		Moy.
Castres,		Saint-Simon.
Caulaincourt,		Vermand.
Chigny,		La Capelle.
Corbeny,		Craonne.
Coupru,		Charly.
Courbes,		La Fère.
Dercy,		Crécy-sur-Serre.
Domptin,		Charly.
Foreste,		Vermand.
Gergny,		La Capelle.
Gibercourt,		Moy.
Holnon,		Vermand.
Jussy,		Saint-Simon.
Lesdins,		Saint-Quentin.
Lugny,		Vervins.
Marcy,		Saint-Quentin.
Moy,		Moy.
Nanteuil-sur-Ourcq,		Neuilly-saint-Front.
Neuvillette,		Ribemont.
SAINT-QUENTIN, (La Basilique),		
Saint-Quentin,		Neuilly-saint-Front.
Sequehart,		Le Câtelet.
Thenelles,		Ribemont.
Vadencourt,		Guise.
Voulpaix,		Vervins.

DIOCÈSE D'AMIENS

Arry,	canton de Rue.
Aubercourt,	Moreuil.
Bernes,	Roisel.
Croix-au-Bailly,	Abbeville.
Estrées,	Chaulnes.
Fay,	Chaulnes.
Feuillères,	Péronne.
Foucaucourt,	Chaulnes.
Fressenville,	Ault.
Gruny,	Roye.
Halloy-les-Pernées,	Domart.
Ignaucourt,	Moreuil.
Mont-Saint-Quentin,	Péronne.
Morisel,	Moreuil.
Popincourt,	Roye.
Saint-Quentin-la-Motte,	Ault.
St-Quentin-en-Tourmont,	Rue.
Quiquery,	Nesle.
Quivières,	Ham.
Sailly,	Péronne.
Saleux-Salouël,	Sains.
Tincourt,	Roisel.
Villers-Carbonnel.	Péronne.

DIOCÈSE DE REIMS (1)

Aiglemont,	Charleville

(1) En 1507, dit Paul Colliette, le chapitre de la metropole de Reims ordonna que la fête de saint Quentin serait désormais célébrée dans son église et dans tout le diocèse, plus solennellement qu'elle ne l'avait encore été jusqu'alors.

Cernion,   canton de Rumigny.
Gaumont,   Asfeld.
Saint-Quentin-le-Petit,   Château-Porcien.
Thin-le-Moutier.   Signy-l'Abbaye.

DIOCÈSE DE BEAUVAIS (1)

Boutencourt,   Chaumont.
Guiscard,   Guiscard.
Sacy-le-Petit,   Liancourt.
Saint-Quentin-les-Prés, Songeons.

DIOCÈSE DE CHALONS-SUR-MARNE

Fontaine-Denis,   Sézanne.
Le Meixtiercelin,   Sompuis.
Ognes,
Plivot,   Avize.
Soudé-Sainte-Croix,   Sompuis.
Saint-Quentin-le-Marais,
Saint-Quentin-le-Verger, Anglure.
Saint-Quentin-sur-Coole, Ecury-sur-Coole.
Verdey.

PROVINCE ECCLÉSIASTIQUE DE CAMBRAI

DIOCÈSE DE CAMBRAI

Avelin,   Pont-à-Marcq.

(1) Autrefois Saint-Quentin-lèz-Beauvais, église bâtie en 1074, par Guy, évêque de Beauvais, ancien doyen de Saint-Quentin.

Bauvin,	canton de Seclin.
Broxèele,	Wormhoudt.
Clary,	Clary.
Ennevelin,	Pont-à-Marcq.
Gouzeaucourt,	Marcoing.

DIOCÈSE D'ARRAS

Ecourt-Saint-Quentin,	Marquion.
Hervelinghem,	Marquise.
Lattres-Saint-Quentin,	Avesnes-le-Comte.
Ligny,	Bapaume.
Longuenesse,	Saint-Omer.
Marthe,	
Mont-Cavrel,	Etaples.
Saint-Quentin,	Aire.
Virvignies,	Desvres.

PROVINCE ECCLÉSIASTIQUE DE PARIS

DIOCÈSE DE PARIS

Avant la Révolution française, le culte de saint Quentin était en honneur dans les paroisses Saint-Eustache et Saint-Gervais, de Paris. Dans chacune de ces paroisses était établie une confrérie en l'honneur de notre saint Martyr.

DIOCÈSE DE BLOIS

| Songé, | canton de Savigny-sur-Braye. |
| Saint-Quentin, | Montoire. |

DIOCÈSE DE CHARTRES

Saint Quentin est vénéré dans le diocèse de Chartres, quoique aucune église n'y soit élevée sous son patronage. On trouve son office dans tous les bréviaires anciens; c'est pourquoi il a été maintenu dans le propre actuel du diocèse, sous le rite *Semid. ad libit.* On trouve aussi son nom dans les manuscrits des XIIe et XIIIe siècles, conservés à la bibliothèque de la ville.

DIOCÈSE DE MEAUX

Passy, canton de Bray-sur-Seine.
Soignolles, Brie-Comte-Robert.

DIOCÈSE D'ORLÉANS

Baccon, Meung.

DIOCÈSE DE VERSAILLES

Brières-les-Scellés, Etampes.
Chamarante, La Ferté-Alais.
Nucourt, Marines.
Valmondois, L'Isle-Adam.

PROVINCE ECCLÉSIASTIQUE DE ROUEN

DIOCÈSE DE ROUEN

Allouville-Bellefosse, Yvetot.
Mirville, Goderville.

DIOCÈSE DE BAYEUX

Luc-sur-Mer, canton de Douvres.
Potigny, Falaise.
Soulangy, Falaise.

DIOCÈSE D'ÉVREUX

Fontaine-Bellenger, Gaillon.
Poses, Pont-de-l'Arche.
Saint-Quentin-des-Isles, Broglie.

DIOCÈSE DE SÉEZ

St-Quentin-de-Blavout, Pervenchères.
St-Quentin-l.-Chardonnets, Tinchebray.

PROVINCE ECCLÉSIASTIQUE DE BESANÇON

DIOCÈSE DE BESANÇON

Lambrey, Combeaufontaine.

DIOCÈSE DE NANCY

Safflais, Saint-Nicolas-du-Port.

DIOCÈSE DE SAINT-DIÉ

Houécourt, Chatenois.

DIOCÈSE DE VERDUN

Baulny, Varennes.
Contrisson, Revigny.
Foameix, Etain.
Givrauval, Ligny,

PROVINCE ECCLÉSIASTIQUE DE RENNES

DIOCÈSE DE RENNES

Saint-Ganton, canton de Pipriac.

DIOCÈSE DE SAINT-BRIEUC

Cohiniac, Châtelaudren.

Quintin, qui a eu autrefois saint Quentin pour *Patron du lieu*.

PROVINCE ECCLÉSIASTIQUE DE BOURGES

DIOCÈSE DE CLERMONT

Saint-Quentin, Sauxillanges.
Saint-Quentin, Menat.

DIOCÈSE DE LIMOGES

Saint-Quentin, Felletin.

DIOCÈSE DU PUY

Saint-Quentin, dépendance de Saint-Julien.

PROVINCE ECCLÉSIASTIQUE DE SENS

DIOCÈSE DE SENS

Fontenay-sous-Chablis, Chablis.

DIOCÈSE DE NEVERS

Saint-Quentin, Pouilly.

DIOCÈSE DE TROYES (1)

Dienville,	canton de Brienne-le-Château.
Epothemont,	Soulaines.
Mathaux,	Brienne-le-Château.
Nozay,	Arcis-sur-Aube.

PROVINCE ECCLÉSIASTIQUE DE TOURS

DIOCÈSE D'ANGERS

St-Quentin-en-Mauges,	Montrevault.
St-Quentin-sous-Baugé,	Baugé.

DIOCÈSE DE LAVAL

La Pellerine,	Ernée.
Saint-Quentin,	Craon.

DIOCÈSE DU MANS

Avant la grande révolution, une église du diocèse portait le titre de Saint-Quentin. Elle est réunie aujourd'hui, pour le spirituel et le temporel, à la paroisse de Saint-Maixent, canton de Montmirail.

---

(1) Il y avait autrefois, dans la ville de Troyes, une église conventuelle sous le vocable de Saint-Quentin. Cette église et les bâtiments adjacents sont aujourd'hui occupés par une brasserie. Le portail de l'église (style transitoire du XIIe au XIIIe siècle) a été transféré au musée de la ville.

PROVINCE ECCLÉSIASTIQUE DE LYON

DIOCÈSE D'AUTUN (1)

Bray, canton de Cluny.

DIOCÈSE DE DIJON

Aubaine, Bligny-sur-Onche.
Grancey-sur-Ource, Montigny-sur-Aube.

DIOCÈSE DE GRENOBLE

Saint-Quentin-sur-Isère, Tullins.
Saint-Quentin, La Verpillière.

PROVINCE ECCLÉSIASTIQUE DE BORDEAUX

DIOCÈSE DE BORDEAUX

Saint-Quentin, Branne.
Saint-Quentin, Sainte-Foy-la-Grande.

DIOCÈSE D'AGEN

Saint-Quentin, Castillonnes.

DIOCÈSE D'ANGOULÊME

Saint-Quentin-de-Chalais, Chalais.
St-Quentin-de-Chabanais, Chabanais.

(1) Autrefois, à Autun même, une paroisse très-importante existait, sous le vocable de Saint-Quentin. La Révolution de 1793 n'a laissé que des ruines sur l'emplacement de son église; et aujourd'hui les paroissiens sont réunis à la cathédrale Saint-Lazare. Une rue, qui traverse le lieu où fut l'ancienne église, porte le nom de Saint-Quentin.

Il y avait aussi, dans le diocèse, une paroisse rurale dédiée à saint Quentin, qui n'est plus aujourd'hui qu'une petite chapelle annexée à la paroisse du Rousset.

DIOCÈSE DE LUÇON

Bouillé-Courdault, canton de Oulmes.

DIOCÈSE DE PÉRIGUEUX

Saint-Quentin,　　　　Sarlat.

DIOCÈSE DE LA ROCHELLE

Chermignac,　　　　Saintes.
Saint-Quentin,　　　　Gemozac.

PROVINCE ECCLÉSIASTIQUE DE TOULOUSE

DIOCÈSE DE MONTAUBAN

Saint-Quentin,　　　　Lauzerte.

DIOCÈSE DE PAMIERS

Saint-Quentin,　　　　Mirepoix.

PROVINCE ECCLÉSIASTIQUE D'AVIGNON

DIOCÈSE DE NIMES.

Saint-Quentin-la-Poterie, Uzès.

PROVINCE ECCLÉSIASTIQUE D'ALBY

DIOCÈSE D'ALBY.

Appelle,　　　　Puy-Laurens.

DIOCÈSE DE PERPIGNAN.

Amélie-les-Bains,　　　　Arles-sur-Toch.

PROVINCE ECCLÉSIASTIQUE DE CHAMBÉRY

DIOCÈSE D'ANNECY.

Trempigny,　　　　Rumilly.

III

De la France, où il poussait des racines si profondes et développait de si puissants rameaux, le culte de saint Quentin s'est étendu bientôt dans les contrées voisines, et notamment en Belgique, où vingt-quatre paroisses sont encore aujourd'hui dédiées à l'illustre Martyr.

A la fin du VIIe siècle, le saint Évêque, fondateur du monastère qui porte son nom, près de Mons, saint Gislain, ou Guislain, obtenait de sainte Vaudrue, comtesse du Hainaut, qu'il avait autrefois convertie à la foi chrétienne, un oratoire dédié à saint Quentin, où il se rendait fréquemment pour conférer avec la sainte sur les choses spirituelles. Cet oratoire, devenu plus tard l'église paroissiale de Quaregnon, conserve précieusement le culte de notre saint Martyr. Dirons-nous même qu'il a servi comme de centre et en même temps de foyer lumineux à la dévotion à saint Quentin dans ces régions? Car nous voyons que des églises s'élèvent bientôt au diocèse de Tournai, qui ont saint Quentin pour patron. Ce sont les églises de Beauwelz, canton de Chimay — de Grandrieux, canton de Beaumont — d'Ellignies-lez-Frasnes, canton de Frasnes — de Wodecq, canton d'Ellezelles, — de Péruwelz, chef-lieu de canton. A Tournai même, le culte de saint Quentin paraît avoir été établi dès la plus haute antiquité. Cette ville n'était-elle pas autrefois, aussi bien que Noyon, sous la houlette pastorale de saint Éloi ? Une des églises actuelles de Tournai, qui remonte au xiie siècle, est dédiée à saint Quentin, et ce vocable était déjà celui des églises qui l'ont précédée.

Bientôt le culte de saint Quentin gagne, aux environs, le territoire de Namur. Sept paroisses, dans la circonscription actuelle du diocèse, prennent notre saint Patron pour leur titulaire. Ce sont Avagne, canton de Dinant — Corenne, canton d'Anthée — Courrière, canton d'Assesse — Dailly, canton de Couvin — Lives, canton de Jambes — Mont-Quintin, canton de Virton — Waret-la-Chaussée, canton de Leuze.

Puis, ce culte s'étend dans les diocèses de Liège et de Malines. La capitale du Limbourg, Hasselt, au diocèse de Liège, reconnaît saint Quentin pour patron de temps immémorial, et son église possède une relique de notre saint Martyr, renfermée dans une châsse en forme de buste. Trois autres paroisses du diocèse, Gelindin, Guygoven et Zonhoven, ont aussi saint Quentin pour patron et possèdent quelques parties de ses reliques.

Le diocèse de Malines compte cinq paroisses qui sont placées sous le patronage de notre illustre Martyr. Ce sont Impde de Wolverthem et Lennick Saint-Quentin, arrondissement de Bruxelles — Linden, Wormesson, et Saint-Quentin de Louvain, arrondissement de Louvain.

L'église de cette dernière paroisse est, depuis le XIIe siècle, un lieu de pèlerinage très-fréquenté. On y vient, chaque dimanche, des pays voisins, honorer l'héroïque martyr du Vermandois, et les malades, qui réclament son assistance contre l'hydropisie, ont pris, par humilité, l'usage d'apporter à son autel des offrandes qu'ils ont auparavant mendiées. Tous les ans, à l'époque des deux grands pèlerinages (dernier dimanche avant la Pentecôte et dernier dimanche d'octobre), se font des processions très-solennelles, dans lesquelles la statue de saint Quentin et la relique que possède l'église (1), sont portées par les rues de Louvain au milieu d'une immense affluence. La fête de saint Quentin s'y célèbre, par privilège, le dernier dimanche d'octobre, sous le rit double de première

(1) Cette relique fut donnée à l'église de Saint-Quentin de Louvain le 13 février 1775, par Mgr l'Évêque de Bruges, qui avait obtenu, du chapitre de Saint-Quentin, un ossement assez notable pour une paroisse de son diocèse, ossement dont il détacha une partie pour l'église Saint-Quentin de Louvain.

classe. Une pieuse confrérie y est établie en l'honneur de notre saint Patron.

Dans le diocèse de Bruges, il n'y a qu'une paroisse, Oostkerske, qui soit placée sous le patronage de saint Quentin. Son église possède aussi une relique du saint Martyr.

Rien d'étonnant assurément que, des confins de la Belgique, qui étaient autrefois compris dans la Germanique Seconde ou inférieure, le culte de saint Quentin ait gagné la Germanique Première ou supérieure, puis, plus tard, l'Italie. Depuis très-longtemps, la dévotion à notre vénéré Patron est établie à Mayence, ancienne capitale de la Première Germanique; encore aujourd'hui une église lui est dédiée dans cette cité.

Au IXe siècle, dit Paul Colliette (1), il est fait mention, dans un privilège de Charles le Gros, d'un monastère élevé en Italie, près de Montferrat, sous le vocable de Saint-Quentin. Et nous savons qu'il existe actuellement à Parme une église placée depuis longtemps sous le vocable de notre saint Martyr, et qui semble dédiée tout spécialement à la mémoire des morts. Le portail et les murs extérieurs sont tapissés de marbres funèbres. Tous les jours, le saint sacrifice y est offert pour les âmes du Purgatoire.

(1) *Mémoires du Vermandois.*

Ajouterons-nous que le culte de saint Quentin a franchi l'Atlantique, et qu'il s'est étendu jusque dans le Grand-Océan, donnant son nom, en 1772, à un groupe d'îles de la Polynésie, dans l'archipel des Iles-Basses?

LIVRE TROISIÈME

SAINT QUENTIN

RESTAURATION DE SON PÈLERINAGE

LIVRE TROISIÈME

SAINT QUENTIN
RESTAURATION DU PÈLERINAGE
A SON TOMBEAU

CHAPITRE PREMIER
L'ÉGLISE COLLÉGIALE ET LE CULTE DE SAINT QUENTIN DE 1801 A 1875.

Une voix éloquente l'a dit (1) : « Le grand ennemi, c'est le temps, » parce qu'il détruit et édifie, et que, même en édifiant, il ne fait qu'enfoncer plus avant l'édifice qu'il renverse. Le temps « passe et jette la vie ; mais cette vie d'aujourd'hui sera bientôt la vie d'hier, la vie d'avant-hier, la vie d'autrefois, un souvenir, une antiquité. » Ainsi, tout vieillit et tout s'efface sous l'action du temps.

Le temps, dans son travail de destruction, ne s'attaque pas seulement aux choses matérielles et profanes. Il s'élève aussi contre ces œuvres qui participent à la fois du Ciel et de la terre, de Dieu et de l'homme, et qu'il a plu à la divine Provi-

(1) LACORDAIRE. XLe *Conférence.*

dence de ne pas soustraire absolument à toute influence d'ici-bas. Surtout si le temps apporte avec lui la tourmente, l'orage, les commotions sociales, c'en est bientôt fait de nos monuments les plus sacrés ou de nos œuvres les plus fécondes; les uns sont dévastés ou détruits, les autres restent sans vie et sans action.

I

Quel était l'état de notre magnifique Collégiale, la reine de la cité et des alentours, au commencement de ce siècle?

A l'extérieur, en outre des injures du temps, elle avait subi celles du vandalisme. Sa flèche était tombée, et ses cloches, dont la plus grosse seulement fut conservée, avaient été cassées et fondues. Les statues de ses portails avaient été renversées; la plupart des sculptures, que pouvait atteindre une main sacrilège, avaient été mutilées. Ses verrières, en majeure partie, étaient brisées. Toutes ses dépendances, qui formaient autour d'elle comme une riche et magnifique ceinture : l'auditoire de justice et la salle de réunion du Chapitre, le cloître, la maîtrise, la salle des chapelains, la petite sacristie, la procure, avaient été aliénés. La Collégiale elle-même avait failli, par deux fois, être vendue et tomber sous le marteau révolutionnaire; d'abord en 1790, époque à laquelle la commune, pour en conserver la jouissance, la transforma en temple de la Raison et y fit quelques réparations (1), puis en 1799, sous prétexte qu'elle menaçait ruine. La bande noire se disposait à la soumissionner, quand, après un changement dans la politique, elle fut jugée suffisamment solide et propre à être rendue au culte.

A l'intérieur ce n'étaient que ruines et que dévastations. Le maître-autel et son édicule, dont Quentin de la Fons nous a laissé une description si magnifique (2), tous les splendides autels de la nef et du pourtour du chœur et du sanctuaire, avaient disparu. Les nombreuses statues, les scènes sculptées du martyre de saint Quentin (3), les pierres tombales étaient mutilées. Les riches sculptures de la chapelle du sépulcre et du second transsept-sud étaient en grande partie brisées. Les voûtes étaient, par places, ébranlées. Les co-

(1) Peu après, elle devint un magasin à fourrages, et abrita même, hélas! des chevaux de cavalerie.
(2) *Histoire particulière de l'église de Saint-Quentin*, publiée par M. Ch. Gomart. Saint-Quentin, Doloy, 1854.
(3) Les scènes du martyre de saint Quentin avaient été tellement mutilées pendant la Révolution, que le Conseil de fabrique, en 1812, jugeant toute restauration impossible, fit niveler les différents espaces qui les contenaient.

lonnes elles-mêmes, leurs bases, leurs chapiteaux avaient subi de nombreuses détériorations. Les grilles du sanctuaire et des chapelles, la grande porte du chœur, chef-d'œuvre de serrurerie, avaient été descellées et enlevées.

Qu'étaient devenues encore toutes les richesses artistiques du mobilier de l'église, les vases sacrés enrichis de pierreries, le christ en argent massif, œuvre d'art si estimée (1), les reliquaires, les statuettes, les candélabres, les meubles antiques, les dentelles ? Qu'étaient devenues surtout les reliques des saints, si multipliées dans les différents reliquaires de la Collégiale, et dont un certain nombre ont été violées et détruites ? Tous ces trésors précieux, que la religion avait amassés et que la succession des siècles avait respectés, furent pillés, anéantis ou vendus, sans grand profit pour l'État.

La riche et splendide Collégiale, qui possédait, avant la révolution française, un revenu de 350,000 livres (2), était, au moment de la restauration du culte, sans aucune ressource, et elle eut besoin des subsides de l'État et de la Ville pour faire face à ses plus impérieuses nécessités.

Son clergé, autrefois si nombreux, se compo-

---

(1) FLEURY. *Le Clergé de l'Aisne pendant la Révolution*, tome II. Paris, Dumoulin, 1853.

(2) *Ibidem.*

LE CULTE DE SAINT QUENTIN DEPUIS 1801   209

sait de douze prêtres âgés, institués d'abord d'une manière provisoire, sous la direction de deux d'entre eux qui avaient le titre de desservants à tour (24 mai 1802), puis organisés d'une manière définitive, sous la direction d'un curé, le 26 juin 1803. Vingt autres prêtres, anciens bénéficiers des paroisses ou des Collégiales supprimées, leur furent adjoints à titre de prêtres habitués (1).

(1). Les prêtres attachés à la desserte de l'Église furent :
MM. Muzeux, Pierre, 74 ans. } desservants à **tour**.
  Blot, Pierre, 70 ans.
MM. Vatin, Thomas-Alexis, 68 ans.
  Violette, Charles-Théodore, 66 ans.
  Violette, Louis, 64 ans.
  Paillette, Valère-Gabriel, 56 ans.
  Duliège, Adrien-Joseph-Constant, 53 ans.
  Gabet, Louis, 53 ans.
  Chippre, Nicolas-Louis-Philibert, 52 ans.
  Davesne, Jean-Louis, 52 ans.
  Bizeau, Jacques-François-Théodore, 45 ans.
  Roussel, Jean-Baptiste, 36 ans.

Le premier curé, en 1803, fut M. l'abbé Fortier.

Les prêtres habitués furent :

MM. Lapolémie, 80 ans.   MM. Boucher, 63 ans.
  Galimart, 77 ans.   Bisset, 63 ans.
  Plangis, 75 ans.   Lassone, 60 ans.
  Pontruet, 70 ans.   Scarset, 53 ans.
  Pillain, 69 ans.   Rambach, 52 ans.
  Hanquet, 68 ans.   Huriez, 49 ans.
  Cochu, 67 ans.   Turine, 46 ans.
  Dollé, 65 ans.   Camus, 41 ans.
  Piérard, 63 ans.   Vitard, 69 ans.
  Mauroy, 63 ans.   Gambier, 41 ans.

Le premier soin des pasteurs de la Collégiale fut de pourvoir aux besoins matériels du culte, puis de susciter les nombreuses restaurations devenues plus que jamais nécessaires pour la consolidation de certaines parties de l'édifice, le nettoyage total de l'église, la réparation des toitures, des vitraux, travail énorme, puisqu'il s'agissait de 3,500 mètres carrés de vitrerie, et de 8,000 mètres de couvertures. L'État vint en aide pour ces diverses réparations.

Peu à peu un mobilier, bien modeste assurément, devint la propriété de la Collégiale. Des autels, des confessionnaux, des lambris, des tableaux, épaves des anciennes églises paroissiales et des couvents supprimés, furent acquis par la Fabrique, ou lui furent gratuitement concédés.

En 1811, le sanctuaire fut rétabli au moyen des marbres provenant, tant de la Collégiale que de plusieurs églises de la cité. Un maître-autel, encore provisoire, en bois sculpté, succéda au premier.

Puis, la chapelle de Notre-Dame, derrière le chœur, fut décorée, ornée d'un autel en marbre et garnie de lambris. Les autels de Saint-Quentin et de la Sainte-Vierge, dans la nef, furent construits contre les deux piliers toraux du chœur. Le chœur lui-même fut fermé sur le devant d'un mur à hauteur d'appui, surmonté d'une grille en fer forgé (1826).

D'autre part, le roi Charles X, en 1827, posa la première pierre d'un maître-autel qui, selon l'intention exprimée du Conseil de fabrique, devait être aussi riche et aussi splendide que possible; mais les événements de 1830 firent modifier les premiers plans. On se contenta de restaurer et d'agrandir un autel en marbre blanc qui provenait de l'ancienne église Saint-Jacques. Ces divers travaux furent exécutés sous le ministère pastoral de M. Grand-Moulin, de si digne et de si respectable mémoire.

Bien que ces restaurations et ces décorations successives aient été accomplies en-dehors des règles de l'art et dans un style peu approprié à l'architecture de l'église, on ne peut que louer la pieuse sollicitude et le zèle de ceux qui les entreprirent, au milieu de ruines immenses et avec des ressources presque nulles. Toutefois, ce ne devait pas être l'état normal et définitif de l'antique Collégiale de Saint-Quentin, autrefois si célèbre. « Ces chétifs autels, formés des épaves dépareillées et sans valeur de couvents et d'églises démolis à la Révolution, ces tableaux sur toile, accrochés aux colonnes, les masquant à mi-corps par l'excès de longueur de leurs châssis, obstruant les perspectives, rompant en tout sens les lignes de l'architecture, ces fenêtres aveuglées par des cloisons postiches de briques et de torchis d'argile, ces lambris de salle à manger ou de réfectoire, ces anges-cupidons, ces personnages de la fable, transformés en saints et en saintes (1), » ne devaient et ne pouvaient plus être conservés, quand il s'agirait d'une restauration sérieuse et intelligente. Le badigeon lui-même devait disparaître peu à peu, et laisser place, dans la mesure du possible, à des ornementations polychromes, soit comme simple décoration, soit comme sujets et peintures artistiques. N'était-il pas bien et dûment prouvé que les chapelles de l'église, les collatéraux, les transsepts, les nefs, la maîtresse-voûte, le grand portail lui-même à l'extérieur, étaient autrefois décorés de sujets et d'ornementations polychromes.

Un commencement de restauration vraiment sérieuse eut lieu de 1849 à 1853 (2), lors de la répa-

(1) *Semaine religieuse du diocèse de Soissons*, année 1876. Appréciations de M. Bénard, maître des œuvres de la Collégiale.

(2) C'était dans les premières années du ministère pastoral de M. Tavernier, auquel on doit attribuer à très-juste titre l'impulsion donnée pour la restauration de l'église. M. de Chauvenet, alors président du tribunal civil, était président du Conseil de fabrique et maître des œuvres de la Collégiale.

ration du grand orgue, de l'érection de quelques statues et reliefs d'art, et de l'établissement d'un vitrail dans la fenêtre centrale de la chapelle Notre-Dame, au fond de l'abside. Depuis ce temps, les restaurations décoratives se sont continuées sur de vastes proportions, avec l'assistance d'artistes de mérite et sous la direction d'un maître des œuvres aussi zélé que savant, aussi ingénieux et fécond que désintéressé et infatigable (1).

En 1858, le Conseil de fabrique fait restaurer la chapelle Saint-Pierre, près de la grande sacristie. Au milieu des peintures qui la décorent, cinq compositions remarquables sont exécutées par des artistes d'un talent supérieur, tous deux enfants de Saint-Quentin, MM. Alphonse Leveau et Désiré Laugée (2).

La même année, sont menées à bonne fin la restauration et la décoration, en partie, des magnifiques arcatures hautes, placées entre les piliers toraux de l'ouverture des transsepts du chœur. Puis, on commence la restauration dé-

---

(1) M. Bénard, ingénieur-architecte, membre du Conseil de fabrique de l'église et premier adjoint du maire de Saint-Quentin.

(2) Une mort prématurée nous a enlevé M. Alphonse Leveau, en 1870, au moment où il préparait de nouvelles études pour la Collégiale. M. Désiré Laugée a aujourd'hui un grand nom dans la peinture.

corative et très-riche de la chapelle Notre-Dame, placée au fond de l'abside. M. Tavernier, curé-archiprêtre, fait appel à la générosité de ses paroissiens; le Conseil de fabrique s'impose extraordinairement. L'autel, sa statue, son dais, ses reliquaires, ses édicules, sont confiés à un entrepreneur sérieux. La décoration polychrome de la chapelle, très-réussie et très-harmonieuse, est exécutée, comme le sera plus tard celle des autres chapelles, par des artistes peintres de Saint-Quentin (1).

Bientôt a lieu, dans le bas de la nef, la restauration de la chapelle Saint-Pierre et Saint-Paul, restauration due à l'initiative et à la générosité de M. Bénard, maître des œuvres. M. Laugée y exécute deux compositions d'un très-grand effet.

Puis, dans le grand transsept-nord, un autel est érigé en l'honneur du Sacré-Cœur. Cette érection amène l'établissement de plusieurs verrières, entre autres, d'un magnifique vitrail sorti des ateliers de M. Claudius Lavergne, et aussi la décoration en peintures polychromes de la majeure partie de ce transsept. La restauration du transsept et l'établissement de l'autel et des verrières sont le fruit de la pieuse et sympathique générosité des fidèles.

(1) M. Poëtte-Duval, M. Zéphir Amasse.

En 1869, M. Gobaille, successeur de M. Tavernier, fait décorer la chapelle Saint-Joseph, dans laquelle M. Alphonse Leveau exécute quelques compositions de grand mérite. La même année, le Conseil de fabrique se charge de la restauration des magnifiques verrières du second transsept-nord, œuvre du xve siècle, retraçant la vie et le martyre de sainte Catherine et de sainte Barbe. A cette occasion, la partie du transsept qui les entoure reçoit une décoration polychrome.

Peu d'années après [1873], la crypte, dite le caveau de saint Quentin, est restaurée en partie, et la niche du milieu, qui renferme le tombeau du Martyr, est revêtue de dalles en marbre rouge. Puis, la chapelle Sainte-Anne et le fond du second transsept-sud sont restaurés et décorés.

Mais les restaurations et décorations, exécutées depuis quinze années, pouvaient paraître n'avoir aucune suite et aucun ensemble, disséminées qu'elles étaient dans tout le pourtour du chœur et même dans la nef. Un critique habile et compétent [1] écrivait, en 1875, dans un de ces articles si judicieux qu'il a insérés au *Moniteur universel* ou dans le *Guetteur de Saint-Quentin* : « Le but qu'on doit désormais se proposer, c'est de

---

[1] M. Démoulins, Saint-Quentinois, professeur de dessin au Lycée de Saint-Quentin.

relier, dans des restaurations successives, les parties éparses qui ont été si heureusement restaurées. Il faut se hâter de raccorder les chapelles de Saint-Joseph et de Sainte-Anne aux belles arcatures hautes qui unissent les piliers toraux de l'ouverture du chœur. » Le but qu'indiquait cet honorable critique, sans espoir de le voir atteint de longtemps, « a été, écrit-il en 1877 (1), grandement dépassé. Non-seulement les arcatures ont été raccordées avec les chapelles et avec les deux transsepts du chœur, mais encore toutes les chapelles absidales et le collatéral qui contourne le sanctuaire ont été mis en harmonie avec les restaurations précédentes. Bien plus, le sanctuaire transformé a retrouvé son ancien aspect et son ancienne splendeur. »

Dieu soit béni pour l'heureuse exécution des nombreux travaux entrepris pendant ces dernières années ! Lui seul a inspiré les projets, suscité les bonnes volontés, révélé les grandes âmes, les âmes généreuses qui donnent sans hésiter et sans calculer (2). Lui seul a conduit à bonne fin

(1) *Guetteur de Saint-Quentin*, 21 décembre 1877.
(2) Des dons très-généreux ont été apportés spontanément pour ces diverses restaurations. Il est telle famille qui a souscrit pour la décoration entière d'une chapelle ; d'autres, pour toutes les verrières, ou bien pour une ou plusieurs verrières de telle ou telle autre chapelle. Des

cette entreprise hardie de la restauration et de la décoration de toutes les chapelles absidales et du collatéral du sanctuaire, de la restauration et de la décoration totales du sanctuaire lui-même, de sa maîtresse-voûte, de son triforium, des colonnes de l'abside, du trésor, de l'édicule du célébrant. Dans sa touchante sollicitude pour les saints, à la glorification desquels il pourvoit même sur la terre, Dieu a voulu encore que soient érigés en l'honneur de l'illustre Martyr saint Quentin, dans l'église qui garde son tombeau et ses précieuses dépouilles, un splendide maître-autel en bronze doré, et un édicule-reliquaire, qui renferme, comme autrefois, son chef et celui des saints Victorice et Cassien, ces compagnons séculaires de son corps vénérable, dans la crypte de son tombeau (1). C'est lui qui a sus-

offrandes, non moins généreuses, sont arrivées, sans aucune affectation, pour la restauration de l'église en général. L'offrande du riche a été abondante ; l'obole de la veuve, des personnes peu fortunées, a atteint des proportions dont nous laissons à Dieu, et à elles seules, le secret. Des personnes se sont littéralement privées, même du nécessaire, pour faire une offrande plus abondante à Notre-Seigneur et à son Martyr saint Quentin. Que le nom de tous ces généreux donateurs reste inscrit, en caractères ineffaçables, dans le Livre de vie.

(1) Nous insérons ici la description qu'a faite M. Démoulins, de l'édicule-reliquaire et du maître-autel, dans le numéro du *Guetteur*, cité plus haut :

« Le reliquaire élevé derrière le maître-autel a été conçu

cité les artistes pour l'accomplissement heureux de ces immenses travaux, qui a développé et soutenu leur zèle, qui leur a fait réaliser en si peu de temps cette œuvre magnifique, qui

d'après les données recueillies dans l'ouvrage publié par Quentin de la Fons, au xviie siècle. C'est un édicule très important, construit tout en pierre ; il s'élève à 17^{m}5o au-dessus du sol de la nef. Son étage inférieur se compose d'une grande arcade, d'où partent deux escaliers tournants disposés symétriquement à droite et à gauche, et qui aboutissent à un étage supérieur dont les quatre faces sont évidées en arcades, comme le rez-de-chaussée, mais avec des formes plus élancées. C'est là que sont exposées les châsses de saint Quentin, de saint Victorice et de saint Cassien. Le reliquaire est surmonté d'une niche ajourée, en bronze émaillé et doré, dans laquelle est placée une statue de saint Quentin en bronze.

Cette niche est accostée par deux anges musiciens, que portent les pinacles d'angle.

Les noyaux des escaliers tournants se terminent en colonnes que surmontent les statues en bronze de Charlemagne, *constructeur* de l'ancienne église et de saint Louis, *constructeur* de l'abside et du chœur actuels. Toutes ces statues sont remarquablement traitées, et doivent être considérées comme des œuvres d'art peu communes ; la silhouette des anges, aux ailes déployées, est hardiment profilée ; la figure de saint Quentin respire une grande distinction et une grâce charmante.

Les ogives des arcades supérieures sont garnies de rosaces à jour, en bronze doré ; les rampes et les balcons sont en fer forgé et en bronze.

Le maître-autel, érigé en avant du reliquaire, est complétement isolé. C'est une table de pierre, portant en arrière sur un mur et en avant sur des colonnes de marbre, dont les bases et les chapiteaux sont en bronze doré et

ÉDICULE ET MAITRE-AUTEL DE LA BASILIQUE

restera, par les siècles, le témoignage de sa puissance et des honneurs rendus, dans notre temps, au généreux athlète et martyr, saint Quentin, patron du Vermandois (1). Que pour ces bienfaits, dont nous voulons reporter vers lui seul la

émaillé. Le rétable et le tabernacle, en bronze doré et émaillé, sont décorés avec une grande magnificence. Au milieu du rétable, dans une niche splendidement ornée, un Christ glorieux bénissant ; dans les arceaux, rangés par six de chaque côté, les douze apôtres. A droite et à gauche du rétable, une couronne de lumières est portée par une élégante crosse en bronze.

L'ensemble du maître-autel est élevé et disposé de façon à laisser voir, à travers l'arcade supérieure du reliquaire, la perspective du collatéral et du chevet de l'église, que termine la chapelle Notre-Dame.

Pour obtenir ce résultat, il a fallu réduire à trois le nombre des marches de l'autel. Ce peu d'élévation a été l'objet de critiques que rien ne justifie. En ajoutant la hauteur des marches, qui mènent de la nef au chœur, et celles qui mènent du chœur au sanctuaire, et en tenant compte de la pente du dallage de l'édifice, nous voyons que le palier de l'autel est encore à plus d'un mètre et demi au-dessus du pavé de la nef ; ce qui donne à la table de l'autel plus de deux mètres et demi d'élévation. Le maître-autel de Notre-Dame de Paris est moins élevé.

Si l'on a d'abord critiqué cette heureuse disposition, c'est qu'elle contrastait singulièrement avec l'exhaussement démesuré de l'ancien sanctuaire, plus théâtral que religieux, auquel les regards s'étaient accoutumés... »

(1) Nommons ici MM. Triouillier frères, fabricants d'orfévrerie religieuse, à Paris; Jacquier frères, constructeurs et décorateurs, à Paris et à Caen ; Gillot, peintre à Saint-Quentin ; Vilfort, entrepreneur de serrurerie artistique, etc.

gloire et l'hommage, le très-saint et très-adorable Nom de notre Dieu soit béni !

II

Si l'église du saint Martyr n'offrait, au commencement de ce siècle, que les traces de la dévastation et de la mutilation, qu'était devenu son culte ? Les pèlerinages à son tombeau s'étaient-ils de nouveau manifestés ? Dans quel état nous apparaît la dévotion à saint Quentin jusqu'à ces dernières années ?

Hélas ! ici encore, le temps avait accompli son action destructive. La grande tourmente révolutionnaire avait tout interrompu ; l'affaiblissement de la foi, le souffle d'impiété qui, depuis la fin du siècle dernier, n'a cessé de se répandre sur notre malheureux pays, avaient été ses conséquences nécessaires et immédiates. Les populations avaient peu à peu oublié, puis désappris le chemin du tombeau de saint Quentin, où elles venaient autrefois puiser si abondamment de nombreux secours corporels et spirituels. Le bras de Dieu assurément n'était pas raccourci ; la puissance de son serviteur n'était pas diminuée ; mais l'indifférence et l'irréligion avaient remplacé la confiance et l'esprit de foi qui s'étaient si heureusement manifestés pendant tant de siècles.

Péniblement et douloureusement affectés de cet état de choses qui se continuait, sans espoir fondé de changement, les pasteurs qui se succédaient à la Collégiale de Saint-Quentin ne pouvaient que former des vœux ardents et empressés, mais toutefois stériles. Voir ce qu'on aime et ce qu'on vénère méconnu et oublié, n'avoir que sa bonne volonté, que son cœur à offrir, au milieu de l'indifférence et du délaissement des autres ; quelle désolation et quelle peine amère ! Instinctivement ils se rappelaient et répétaient les paroles du Prophète : *Les voies de Sion pleurent, parce qu'il n'est plus personne qui vienne, comme autrefois, à ses grandes solennités* (1).

Pourtant ils n'étaient pas inactifs, et chacun d'eux, dans la mesure du possible, multipliait les efforts et les industries de son zèle, pour restaurer le culte de saint Quentin et ramener les populations à son tombeau. Même avant le rétablissement légal de la religion catholique en France, alors qu'en 1795, la persécution contre le clergé avait paru, pendant quelque temps, s'apaiser, deux prêtres, anciens chanoines de la Collégiale, avaient extrait de la cachette, où elles avaient été déposées, en 1793, les reliques de saint Quentin,

(1) Jérém. *Lament.*. 1, 4.

et d'autres reliques de l'église et des paroisses de la cité, qu'ils avaient pu soustraire à la fureur révolutionnaire. Le procès-verbal suivant nous apprendra comment nos insignes et très-précieuses reliques ont été conservées, en grande partie, pendant les années malheureuses de la Révolution :

« Ce jourd'huy mercredy, vingt-neuf juillet, mil sept cent quatre-vingt quinze, deux heures après midy, nous soussignés Pierre Blot, Nicolas-Joseph Rambach, tous deux prêtres, ci-devant chanoines de l'église, alors royale et collégiale de Saint-Quentin, Charles-Félix-Barthélemy Dubois Muller, administrateur temporel de l'église de Saint-Quentin, maintenant suppléant les paroisses de la ville, avec le sieur Charles-Christophe-François Duuhez et Pierre-Louis-Florent Oudart, portier et bedeau de l'église, d'après l'assurance qui nous avoit été donnée par ledit Oudart et Jean-Louis-Joseph-Fidel Mainsner, suisse de ladite église, que lors de la dévastation des églises par ceux qui s'efforçaient de détruire le culte catholique, ils avoient eu le bonheur de sauver de la profanation et de la destruction dont elles étaient menacées, une partie considérable tant des reliques de saint Quentin et de celles de saint Victorice et de saint Cassien, que de celles qui composoient le trésor de Saint-Quentin, celui des paroisses et des communautés de la ville; et que, le 19 novembre 1793, ils les avoient inhumées dans le caveau qui servoit à la sépulture des chanoines de Saint-Quentin; nous nous sommes rendus dans ledit lieu, où, après avoir invoqué le saint nom de Dieu et l'avoir prié de bénir notre travail, nous avons fouillé la terre dans l'endroit dudit caveau, où le dit Oudart nous dit avoir enterré ce qu'il avait pu rassembler de ces précieuses reliques du bienheureux martyr de Jésus-Christ, saint Quentin. Parvenus à la profondeur de deux pieds, nous découvrismes les restes du linge dans lequel les reliques avoient été enveloppées; il étoit presqu'entièrement consommé par l'humidité de la terre. Le dépôt fut alors recherché avec le plus grand soin, et recueilli avec le plus respectueux attendrissement et la plus douce joie. Ces restes d'un si précieux trésor étoient en petit nombre, une grande partie ayant été bruslés par celui qui en avoit la garde, dans la crainte, comme il l'a dit lui-même, que le lendemain, au grand scandale de la religion et des chrétiens, ils ne fussent profanés et bruslés sur les grand'places de la ville; ce qu'il sut qu'on se proposoit de faire. Mais ce qui adoucit l'amertume que nous causoit la perte d'une partie considérable des restes de notre saint patron, ce fut la découverte de la *main droite* du bienheureux apôtre de Vermandois ; elle étoit encore saine et entière, seulement fort imprégnée de l'humidité de la terre. Nous recouvrasmes aussi le crâne, une partie de la mâchoire (1), quelques autres portions du chef de saint Quentin et d'autres parties de son corps, dont l'énumération, ainsi que celle des autres reliques que nous au-

(1) Voici un état exact des reliques de saint Quentin, telles qu'aujourd'hui elles sont placées dans les différentes châsses de la basilique :
1. Châsse de l'Édicule, au-dessus du maître-autel :
Relique dite : *Le Chef de saint Quentin*.
2. Châsse placée dans le petit transsept-nord :
Un os temporal.
Une partie de la mâchoire supérieure.
Un fragment de la mâchoire inférieure.
Un tibia.
Un os des hanches.
Le sternum.
3. Châsse placée dans le petit transsept-sud :
La main droite entière, avec ses chairs.
Une côte.
Une vertèbre.
L'os calcaneum.
4. Châsse en bois doré, dans le trésor de la sacristie :
Un tibia.
5. Petite châsse pyramidale, qu'on place sur le maître-autel :
Une portion de la mâchoire inférieure, avec la dernière dent molaire.
6. Tombeau de saint Quentin, dans la crypte :
Une rotule.

rons le bonheur de recouvrer, sera jointe au présent acte. »

Suivent les signatures des témoins susdits :

Au moment de la restauration du culte, le clergé de la Collégiale, voulant donner aux fêtes principales du glorieux martyr saint Quentin toute la solennité qu'elles avaient autrefois, décida, de concert avec l'autorité diocésaine, que les trois fêtes de l'Invention du corps de saint Quentin, par saint Eloi (3 janvier), de l'Élévation des corps de saint Quentin, saint Victorice et saint Cassien (2 mai), de la Passion de saint Quentin (31 octobre), seraient célébrées le jour même où elles tombent, avec premières vêpres solennelles et office de Matines et Laudes. Mais, les fidèles de la cité furent peu nombreux à ces offices, et les populations des campagnes, invitées à y concourir, prétextèrent les travaux des champs, et toutes les nécessités inhérentes à des jours de semaine. Force fut donc de remettre la solennité de ces fêtes au dimanche suivant. Le concours des paroissiens devint plus grand; toutefois, les pèlerins de l'extérieur ne furent guère plus nombreux, excepté peut-être au jour de la fête transférée du 2 mai, qui attire chaque année un certain nombre de personnes du dehors. Ces fêtes, excepté celle du 31 octobre, ayant été supprimées lors du retour à la liturgie romaine [1852], un mémorial en fut gardé au moyen d'une cérémonie particulière, notamment pour ce qui concerne la fête du 3 janvier. Le dimanche qui suit immédiatement cette fête, on procède à la grande et populaire cérémonie de la Lumerie, et on chante de grand matin l'office de Matines et de Laudes.

Déjà, depuis un certain nombre d'années, les restes précieux du martyr saint Quentin, renfermés dans des reliquaires en bronze, étaient exposés chaque dimanche à la vénération des pieux fidèles.

De plus, il avait été décidé, le 2 mai 1847, que, pendant l'octave des trois fêtes, dont nous venons de parler, une messe serait dite chaque jour à l'autel de la Crypte, et qu'après la messe, les Litanies du saint Martyr seraient récitées par l'assistance. Cet usage est encore conservé aujourd'hui, et amène un certain concours de fidèles. Depuis la restauration du pèlerinage, la messe y est même dite chaque mercredi, ce jour ayant été autrefois consacré, dans la liturgie saint-quentinoise, au culte de notre glorieux Martyr.

On le voit, les pasteurs préposés à l'église collégiale ne négligeaient aucun moyen de ranimer la dévotion envers l'illustre Apôtre et Patron de la cité et du Vermandois. Chacun d'eux pensait même à restaurer l'antique et solennel pèlerinage à son tombeau, tout aussitôt que les circonstances paraîtraient favorables. L'heure marquée par Dieu n'était pas encore arrivée. Des jours allaient venir où la foi, suscitée par l'épreuve, se réveillerait plus vive et s'accroîtrait sensiblement dans les âmes. De nombreux pèlerinages sillonneraient encore l'étendue de notre France. Des sanctuaires seraient élevés, qui recevraient des hommages empressés et solennels. Les dévotions anciennes et populaires, ranimées par ce souffle de foi et fécondées par la grâce de Dieu, produiraient une nouvelle floraison et porteraient encore des fruits nombreux de bénédiction et de salut.

CHAPITRE DEUXIÈME

RESTAURATION DU PÈLERINAGE AU TOMBEAU
DE SAINT QUENTIN.

Cette restauration eut lieu le 21 octobre 1875.— Dieu veuille se souvenir de cette date, et puisse le généreux Martyr, à la gloire duquel cet acte a concouru, étendre sa protection puissante sur la cité qui garde dévotement ses précieuses dépouilles, et sur les populations qui auront été fidèles à venir les vénérer (1).

(1) Dans ce même mois, eut lieu l'érection de la Confrérie en l'honneur de saint Quentin, confrérie dont nous relatons ici le but, les conditions et les avantages :

BUT DE LA CONFRÉRIE.

Le but de la Confrérie est de procurer la gloire de Dieu par l'accroissement de la dévotion pour le saint Martyr, et d'attirer, sur la ville et les associés, son assistance et son secours spécial.

CONDITIONS.

Se faire inscrire sur les registres de la Confrérie.—Faire, si on le peut, une offrande d'au moins un franc, le jour de son admission, et verser, chaque année, la même somme, comme cotisation. — Réciter, chaque jour, les actes de foi, d'espérance et de charité et trois fois l'in-

I

Pendant le mois précédent, des circulaires avaient été envoyées dans toute la province ecclésiastique, et en outre, aux paroisses qui, dans les autres diocèses, ont saint Quentin pour patron. « La foi se réveille sensiblement dans les âmes,

vocation : Saint Quentin, priez pour nous. — On est invité, en outre, à porter sur soi la médaille du saint Martyr et à s'approcher des sacrements à l'époque de ses diverses fêtes, savoir : les fêtes de sa passion et de sa mort, le 31 octobre; de l'invention de son corps par saint Eloi, le 3 janvier; et de l'élévation de ses reliques, le 2 mai.

AVANTAGES.

Les jours de ces trois fêtes et pendant leurs octaves, il y a indulgence plénière pour les fidèles qui, s'étant confessés, feront la sainte communion dans l'église paroissiale. (Grég. XVI. 15 déc. 1845.) — L'invocation à saint Quentin, trois fois répétée, donne droit à quarante jours d'indulgence. — Aux actes de foi, d'espérance et de charité, sont attachées, pour chaque fois, une indulgence de sept ans et sept quarantaines, et, chaque mois, une indulgence plénière, en faveur de ceux qui, les ayant fréquemment récités, se confesseront, feront la sainte communion et prieront selon les intentions de l'Église. (Benoît XIV. 28 janvier 1756.) — Chaque année, dans l'octave de la fête de saint Quentin, une messe sera dite pour tous les associés défunts. — Tout associé, qui aura fidèlement versé tous les ans sa cotisation de un franc, aura droit à une messe basse, dans le mois qui suivra son décès.

disait-on, les populations qui se rendent aux sanctuaires bénis de Lourdes et de la Salette se rendent aussi au tombeau de saint Martin, de saint Remi et à tant de lieux célèbres par des souvenirs sacrés et des bienfaits divins. Notre diocèse possède un de ces sanctuaires fameux, un de ces tombeaux vénérables, dont le nom remuait la France aux âges passés, l'église et le tombeau de saint Quentin. Des grâces merveilleuses y ont été obtenues pendant bien des siècles : des grâces non moins nombreuses peuvent encore y être accordées. Honorons saint Quentin, comme l'honoraient nos pères, par une neuvaine solennelle. Et puissent les populations de notre contrée reprendre le chemin de ce tombeau, source de tant de grâces, qu'elles ont depuis trop longtemps oublié ! »

L'appel fait aux fidèles de la région ne fut pas infructueux. Bien qu'aucune solennité particulière n'ait pu être annoncée pour l'un des jours de la neuvaine, vu l'absence présumée de Mgr Dours, évêque de Soissons, que le mauvais état de sa santé forçait à se tenir éloigné de nous, les pèlerins furent très-nombreux à chacun des neuf jours qui précèdent la fête de saint Quentin. De toutes les parties du Vermandois, et aussi des points les plus divers des diocèses d'Amiens, de Beauvais, de Cambrai, d'Arras, et d'autres lieux, les pasteurs des paroisses, s'étant organisés de concert, avaient pris soin de faire annoncer la date et l'heure de leur arrivée. Huit, dix, et quinze paroisses quelquefois, venaient, dans une même journée, pour vénérer le tombeau et les restes précieux de notre Martyr. Les pèlerins étaient reçus au grand portail de l'église ; ensuite ils étaient introduits et placés dans le haut de la nef, où ils entendaient une instruction, s'approchaient de la sainte table, priaient devant les reliques. Puis, après s'être retirés pour prendre quelques instants de repos et une réfection corporelle, ils se mettaient en devoir d'assister aux différents offices de la journée, à la messe, aux vêpres, à l'instruction de l'après-midi et à la procession quotidienne.

Un certain nombre arrivaient de loin ; ils avaient dû se mettre en marche dès le milieu de la nuit, pour gagner une gare voisine, peut-être par des temps mauvais, à travers des chemins défoncés et à la lueur de quelques fallots. C'est chose assurément bien douce et bonne au cœur qu'un jour de pèlerinage ; mais c'est aussi une source de fatigues, de privations, même de douleurs physiques. On est peu tenté de songer à son corps, quand on songe avant tout au bien de son âme. Sommeil, repos, nourriture, tout cela est négligé, et, sinon compromis, toujours bien retardé. Mais, quelles douces et ineffables compensations on trouve dans la joie de prier longtemps, bien longtemps, au pied d'un autel béni, d'une statue ou d'un tombeau vénéré; dans le bonheur d'assister à de grands et solennels offices, d'entendre une parole apostolique (1), surtout de recevoir la sainte Communion, cet acte par excellence du pèlerin, qui provoque d'autant mieux la grâce et la miséricorde divine, que, dans des circonstances semblables, il porte le cachet de la gêne, de la privation et du sacrifice.

La physionomie des pèlerinages est partout à peu près la même. Des foules arrivent, la plupart du temps par les voies rapides et toutes ensemble; elles s'organisent en procession, se rendent au lieu où les attendent les bénédictions divines. Elles y prient de tout leur cœur, ne s'en éloignent un instant que pour y revenir peu après; puis, un jour ou deux jours passés, elles s'en vont avec la même rapidité qu'elles étaient venues. Le pèlerinage de saint Quentin présenta dès le début ce caractère particulier, que, composé des personnes habitant les parties les plus diverses de la

(1) Le prédicateur du pèlerinage de 1875 fut le R. P. Flavien, capucin, de la résidence de Paris.

contrée, il se fractionnait en autant de groupes qu'il y avait de paroisses venant de points différents et à toutes les heures de la journée.

C'étaient tantôt les pèlerins de Cambrai et d'Arras qui, dès les premières heures du jour, faisaient leur entrée dans l'église collégiale. A quelle heure de la nuit avaient-ils quitté leur demeure pour se rendre à la gare la plus rapprochée? Eux seuls le savaient, et Dieu aussi, qui se souvient de leurs sacrifices et des fatigues qu'ils ont endurés. Ou bien, c'étaient de braves et généreux paysans du diocèse de Verdun, ayant fait une partie de la route à pied, l'autre partie en wagon, et qui, arrivés la nuit, se présentaient de grand matin à la Collégiale pour prier au tombeau du glorieux saint Quentin, patron de leur paroisse. Voyez-vous venir maintenant les pèlerins du diocèse d'Amiens, les groupes si édifiants des paroisses de Nesles, Ham, Guiscard, Villers-Carbonnel, Fay? etc. Voyez-vous arriver les pèlerins du diocèse de Beauvais, et, en particulier, ceux de la ville de Noyon et des environs. Le vénérable archiprêtre de Noyon est à leur tête; il daigne venir présider à nos offices, et rehausser, par sa dignité sacerdotale, la pompe de nos cérémonies.

Voici maintenant les pèlerins de notre diocèse,

que chaque heure de la matinée nous amène en groupes nombreux; les pèlerins du canton de Bohain qui, arrivés de très-grand matin à l'église collégiale, ne retournent dans leurs foyers qu'à la nuit close, comme s'ils craignaient de perdre quelque chose des bénédictions et des grâces qu'ils sont venus solliciter; les pèlerins de Soissons, Laon, ceux des doyennés de la Fère, Chauny, Flavy-le-Martel, Moy, Vermand, Ribemont, dont un si grand nombre de paroisses sont placées sous le patronage de l'auguste Martyr du Vermandois; les pèlerins de la catholique Thiérache, de Vervins, d'Hirson, de Guise et des pays environnants; les groupes nombreux venant des environs de Saint-Quentin, la plupart à pied, ayant ainsi fourni une route relativement longue et pénible.

C'était un spectacle solennel et touchant de voir, à nos offices principaux, toutes ces foules réunies dans l'antique et majestueuse basilique, où étaient venus autrefois, et avec tant de dévotion, les pieux ancêtres, renouant ainsi les traditions du passé, priant encore saint Quentin, pour leurs besoins particuliers, pour leurs parents, pour notre cher et beau pays de France. Et c'était un spectacle non moins admirable et non moins touchant de voir la dévotion des habitants de la cité, qui s'empressaient, eux aussi, de faire leur pèlerinage, qui s'unissaient aux pieux fidèles venus du dehors, ne voulant former avec eux qu'*un cœur et qu'une âme,* et qui témoignaient ainsi, et de leur charité, et de leur tendre dévotion pour le martyr saint Quentin, dont ils portent le nom et qui les garde de sa protection toute particulière.

On a pu évaluer à cinquante mille, au moins, le nombre des pèlerins, soit de la ville, soit du dehors, qui, pendant cette neuvaine de 1875, vinrent prier auprès du tombeau, ou vénérer les reliques de notre glorieux et illustre Martyr.

II

La neuvaine de l'année 1876 fut encore mieux suivie et présenta un caractère plus solennel et plus imposant.

Le dimanche 22 octobre, Sa Grandeur Mgr Thibaudier, récemment placé par Sa Sainteté Pie IX sur le siège épiscopal de Soissons, faisait, dans l'ancienne capitale du Vermandois, son entrée première et solennelle. Tous les honneurs civils et militaires, dus à son caractère et à son rang, lui furent rendus. Mais ce qui surpassa toutes les démonstrations officielles, ce furent les témoignages de respectueuse et sympathique reconnaissance que les pieux habitants de notre cité se plurent à rendre au Prélat béni, qui voulait qu'un des premiers actes de son ministère fût un généreux et solennel effort en faveur de la restauration du culte de notre bien-aimé Martyr. Partout, sur son passage, la population se précipitait à flots pressés, s'inclinant avec respect sous sa première bénédiction. Plusieurs, à leurs témoignages de vénération, mêlaient quelques vivats : «Vive Monseigneur! Vive saint Quentin! » Et c'était bien là la pensée qui se traduisait partout, sur les écussons réunis de Monseigneur et de saint Quentin, sur les inscriptions placées de distance en distance : « Béni soit Celui qui vient au nom du Seigneur! Vive Monseigneur! Honneur au grand martyr saint Quentin! »

Dans l'allocution que Sa Grandeur voulut bien adresser aux nombreux fidèles réunis dans la Collégiale, Monseigneur se plut à exprimer combien était vif son désir de voir se continuer, par les grandes manifestations en l'honneur de notre illustre Martyr, les belles et glorieuses traditions de l'antique et auguste église de Saint-Quentin. Sa Grandeur dit qu'elle-même se tenait obligée de pourvoir à ce que soient continuées ces traditions : « Pensée pleine d'humiliation et de crainte, ajoutait Monseigneur, mais aussi, pleine de confiance et d'espérance, si je considère les consolations que me donne l'heure présente, et les promesses fécondes qu'elle renferme pour l'avenir. »

Le lendemain, lundi 23, eut lieu l'ouverture du *Congrès des Œuvres catholiques du diocèse*, que Monseigneur avait eu l'heureuse idée de convoquer à Saint-Quentin, pour le commencement de la neuvaine. Pendant trois jours, les membres du Congrès, tout en s'occupant des grandes questions pour la discussion desquelles ils avaient été réunis, faisaient leur pèlerinage quotidien à la Collégiale et assistaient à nos principaux offices et aux éloquentes instructions que leur adressait le R. P. Henriot, dominicain, prédicateur principal de la station. Qu'il était grand et beau le spectacle que présentaient tous ces hommes, appartenant pour la plupart aux classes supérieures de la société, quand, avant de conférer ensemble sur les besoins des classes inférieures et souffrantes, ils venaient, auprès du tombeau de saint Quentin, prier dévotement, et demander, par l'intercession du Martyr, qui fut lui-même un grand apôtre du Christ, la grâce de développer au sein des populations ouvrières l'esprit catholique, cet esprit que s'efforcent plus que jamais de détruire les ennemis de Dieu, de la religion et de l'ordre social !

Le Congrès se termina le jeudi par une solennité qui rappelait les beaux jours de l'antique Collégiale de Saint-Quentin. Son Ém. Mgr Régnier, cardinal-archevêque de Cambrai; Mgr Gignoux, évêque de Beauvais, de sainte et vénérée mémoire; Mgr Bataille, évêque d'Amiens, étaient venus s'unir à Mgr l'Évêque de Soissons, pour rehausser, par leur présence, la pompe de nos cérémonies. Près de quinze mille pèlerins étaient accourus de toute la contrée. Dès l'aube, la Collégiale était remplie de pieux fidèles, et la foule se renouvelait incessamment, sans diminuer jamais. Au milieu de cette immense assistance, le recueillement était tel qu'on entendait facilement, malgré les allées et venues inséparables d'un si prodigieux concours, la voix des fils de saint Dominique, évangélisant ces âmes de bonne volonté.

Le saint sacrifice de la messe se célébrait sans arrêt, partout où se trouvait une pierre sacrée, et partout aussi les pieux pèlerins se pressaient à la table eucharistique. C'est par milliers qu'il faut compter les nombreuses communions reçues dans la matinée (1).

Mais le moment le plus solennel de cette grande journée fut l'heure des vêpres pontificales.

(1) *Conservateur de Saint-Quentin.*

Les prélats, placés à droite et à gauche du sanctuaire, sur des trônes recouverts de velours frangé d'or, et décorés de leurs écussons, étaient entourés d'une couronne majestueuse de chanoines venus des quatre diocèses. Deux cents prêtres au moins leur faisaient cortège. Les laïques nombreux, introduits dans le chœur, remplissaient les stalles et les banquettes du milieu. La foule, que l'enceinte de la nef ne pouvait plus contenir, refluait vers les collatéraux du chœur et les chapelles absidales. Des masses profondes manquaient de sièges et se tenaient debout, remplissant les parties même les plus reculées de l'église.

Mgr Thibaudier, évêque de Soissons, monta en chaire après le *Magnificat*. Le vénérable et digne prélat offrit d'abord tous ses remercîments à Son Ém. Mgr le Cardinal-Archevêque et à NN. SS. les Évêques de Beauvais et d'Amiens, qui avaient bien voulu répondre à son invitation. Puis, Sa Grandeur parla du culte de saint Quentin restauré, d'une manière toute providentielle, depuis ces dernières années, et joignit à l'éloge de notre illustre Martyr, celui de deux de ses compagnons, saint Crépin et saint Crépinien, dont ce même jour, 25 octobre, ramenait la solennité. S'adressant ensuite aux membres du Congrès catholique, qui venait de terminer ses travaux,

Monseigneur les remercia de tout ce qu'ils avaient fait, et de tout ce qu'ils voulaient faire encore en faveur de leurs frères les ouvriers, et leur demanda de continuer à être des apôtres, poursuivant l'œuvre de Dieu dans la vérité et la charité.

Puis, le *Credo* fut entonné, et des milliers de voix le continuèrent avec un enthousiasme indescriptible. Les larmes coulaient de bien des yeux pendant le chant de ce magnifique symbole de notre foi, comme aussi pendant la procession solennelle des reliques qui termina la cérémonie.

NN. SS. les Évêques paraissaient très-émus de l'empressement sympathique et de la pieuse et respectueuse attitude des foules qui s'inclinaient sous leur bénédiction ; et Son Em. Mgr le Cardinal-Archevêque de Cambrai a pu dire, tout spontanément, que « s'il avait vu déjà un aussi beau spectacle, il n'en avait jamais vu de plus beau, pas même à Rome (1). »

Au retour de la cérémonie, NN. SS. de Cambrai, de Beauvais et d'Amiens signèrent avec Mgr Thibaudier, évêque de Soissons, une supplique tendant à obtenir, de Notre Saint-Père le Pape Pie IX, que l'église collégiale de Saint-Quentin fût érigée en *Basilique mineure*.

(1) *Ibidem*.

Et un mois à peine s'était écoulé, que le Pontife souverain accédait gracieusement à cette demande par l'envoi d'un bref expédié à Mgr l'Évêque de Soissons. Ce bref, que nous donnons ici dans son texte latin et dans la traduction française, fut lu solennellement, en latin et en français, par Sa Gr. Mgr Thibaudier, le 21 janvier 1877, jour où le vénérable et zélé prélat daigna venir en faire lui-même la solennelle promulgation.

« PIUS, P. P. IX

« Ad perpetuam rei memoriam.
« Quod ad fidelium pietatem religionemque fovendam atque excitandam, quodque ad augendum decus et majestatem celebrium antiquissimâ veneratione templorum faciat, libenti alacrique animo præstare et concedere volumus. Jàm verò supplicatum est Nobis à venerabili Fratre Odone Thibaudier, Suessionensi et Laudunensi episcopo, ut pervetustum et insigne templum in honorem Deiparæ Virginis et Hieromartyris Quintini. singulari fidelium pietate, frequentiâ, piisque peregrinationibus cultum, quod olim Cathedrale, dein Collegiale, modo autem triginta millium fidelium Parochia est, et in Suessionensis diœce-

sis civitate à Beato Martyre prædicto cognominatâ, magnificè splendidèque ædificatum extollitur, Minoris Basilicæ nomine ac privilegiis exornare de auctoritate Nostrâ velimus. Nos igitur, hujus modi votis obsecundare volentes, supradictum Templum parochiale in honorem Beatissimæ Mariæ Virginis ac Beati Martyris Quintini in Basilicam minorem cum omnibus et singulis privilegiis, gratiis, præeminentiis et indultis, quibus aliæ Ecclesiæ Basilicæ minores quomodolibet ex jure, vel consuetudine utuntur, fruuntur, vel uti ac frui possunt et poterunt, Apostolicâ Auctoritate nostrâ, harum litterarum vi, perpetuum in modum erigimus et constituimus, idemque Templum, nunc futurisque temporibus, Basilicam dici, et haberi volumus ac jubemus.

« Decernentes has litteras Nostras firmas, validas et efficaces existere et fore, suosque plenarios et integros effectus sortiri et obtinere, dictoque templo plenissimè suffragari et ab omnibus ad quos spectat et in futurum spectabit, inviolabiliter observari ; sicque in præmissis per quoscumquè judices ordinarios et delegatos, etiàm causarum Palatii Apostolici Auditores, Sedis Apostolicæ Nuntios et S. R. E. Cardinales, etiàm dè Latere Legatos, sublatâ eis, et eorum cuilibet, quâvis aliter judicandi et interpretandi facultate et auctoritate, judicari et definiri debere, atquè irritum et inane, si secùs super his à quâcumquavis auctoritate scienter vel ignoranter contigerit, attentari.

« Non obstantibus, quatenùs opus sit, felicis recordationis Benedicti XIV, prædecessoris Nostri super Divisione materiarum, aliisque apostolicis, ac in Universalibus Provincialibusque et Synodalibus Conciliis editis generalibus, vel specialibus constitutionibus et ordinationibus; quibus omnibus et singulis, illarum tenores præsentibus pro plenè et sufficienter expressas, ac dè verbo ad verbum insertas habentes, illis aliàs in suo robore permansuris, ad præmissorum effectum hâc vice tantum, specialiter et expressè derogamus, cæterisque contrariis quibuscumque.

« Datum Romæ apud S. Petrum, sub annulo Piscatoris, die v decembris MDCCCLXXVI, Pontificatûs Nostri anno trigesimo primo.

« Card. ASQUINI. »

PIE IX, PAPE

Pour en perpétuer la mémoire.

C'est volontiers et de grand cœur que Nous accordons et concédons tout ce qui peut exciter et animer la piété ou la religion des fidèles, et augmenter l'éclat et la majesté des églises que la vénération séculaire des peuples a rendues célèbres.

Or, récemment, Notre vénérable Frère, Odon Thibaudier, évêque de Soissons et Laon, Nous a supplié de vouloir bien, par Notre autorité, décorer du titre et des privilèges de Basilique mineure la très-ancienne et insigne église, dédiée à la Vierge, Mère de Dieu, et au grand Martyr Quentin, honorée par la piété, l'affluence des fidèles, et par de pieux pèlerinages, église autrefois Cathédrale, puis Collégiale, maintenant paroisse de plus de trente mille âmes, qui s'élève avec magnificence et splendeur au diocèse de Soissons, dans la ville qui porte le nom dudit Martyr.

Pour Nous, voulant accueillir favorablement ces vœux, Nous érigeons et constituons à perpétuité, par Notre autorité apostolique, et en vertu des présentes, la susdite église dédiée à la Très-Sainte Vierge Marie, et au bienheureux Martyr Quentin, en Basilique mineure, avec tous et chacun des privilèges, grâces, prééminences et indults, dont les autres basiliques mineures, en vertu du droit ou de la coutume, usent et jouissent, ou peuvent et pourront user et jouir. Nous voulons et ordonnons que dès maintenant et à l'avenir ladite église soit appelée Basilique et connue comme telle.

Nous voulons que ces présentes lettres soient et demeurent stables et efficaces, qu'elles obtiennent leur plein et entier effet en faveur de ladite église, qu'elles soient inviolablement observées par ceux à qui il appartient ou à qui il appartiendra dans l'avenir, et ainsi par avance Nous voulons qu'il soit ainsi jugé et décidé par tous juges, soit ordinaires, soit délégués, même auditeurs des causes du Palais apostolique, nonces du Saint-Siège et cardinaux de de la sainte Église romaine, ou même légats *à latere*, leur enlevant à tous et à chacun toute faculté et autorité de juger et d'interpréter autrement, et déclarant nulle et sans valeur la sentence de ceux qui, par quelque autorité que ce soit, sciemment ou par ignorance, attenteraient à ces droits.

Nonobstant, s'il est besoin, la Constitution de Notre Prédécesseur Benoît XIV, d'heureuse mémoire, sur la Division des matières, et autres Constitutions apostoliques, et toutes autres Constitutions et Ordonnances générales ou spéciales, édictées dans les Conciles généraux, provinciaux ou synodaux ; à toutes et à chacune, regardant leur teneur comme pleinement et suffisamment exprimée et insérée mot à mot dans les présentes, leur laissant toute leur vigueur pour le reste, Nous dérogeons spécialement et expressément pour cette fois seulement et à l'effet susdit, ainsi qu'à toutes autres choses qui seraient contraires aux présentes.

Donné à Rome, près Saint-Pierre, sous l'anneau du Pêcheur, le 5 décembre 1876, de Notre Pontificat l'année trente-et-unième.

Cardinal ASQUINI.

Dans sa constante sollicitude pour l'église et la paroisse de Saint-Quentin, Mgr l'Évêque de Soissons faisait bientôt affilier notre Basilique à la Basilique majeure de Saint-Jean de Latran, et le décret d'affiliation, daté du 28 janvier 1877, nous donnait droit, pour quinze années renouvelables après ce temps expiré, aux indulgences et autres grâces spirituelles dont jouit la Basilique de Saint-Jean, mère et maîtresse de toutes les églises (1).

III

Telles avaient été les splendeurs du pèlerinage

(1) La liste des indulgences se trouve à la fin du présent volume.

de l'année 1876, qu'on pouvait alors prononcer sans témérité qu'elles ne seraient pas surpassées dans l'avenir. Celles du pèlerinage de l'année 1877 leur furent cependant supérieures.

Les travaux entrepris à la Basilique étaient achevés. Le sanctuaire, le collatéral et les chapelles qui l'entourent avaient été restaurées et décorées. Derrière le magnifique maître-autel, en bronze doré et émaillé, on pouvait admirer cet immense et splendide édicule, plus riche que celui des âges passés, qui devait abriter bientôt les chefs vénérés de saint Quentin, saint Victorice et saint Cassien.

Trois grandes cérémonies avaient été annoncées pour le cours de la neuvaine : 1° la consécration du maître-autel, le dimanche 21 octobre ; 2° la translation des chefs de saint Quentin, saint Victorice et saint Cassien, dans les châsses nouvelles qui devaient être déposées dans l'édicule, le jeudi 25 ; 3° enfin l'élévation et la déposition, dans l'édicule, de ces saintes reliques, en présence de Son Exc. Mgr l'Archevêque de Reims et de NN. SS. les Évêques de Soissons, Châlons, Arras, la Basse-Terre, Laval, le dimanche 28.

La première cérémonie fut faite par Mgr l'Évêque de Soissons et attira un grand concours de fidèles. Sa Grandeur daigna consacrer le maître-autel érigé récemment, et ouvrir, par cette solennité si haute et si touchante, les différents exercices de la neuvaine.

Puis, eurent lieu, le 25 et le 28, les deux autres cérémonies qui devaient être une reproduction exacte et en même temps un souvenir fidèle du passé. Voici, en effet, ce que nous lisons dans Paul Colliette et dans le *Gallia Christiana* :

« Après plus de cent ans de travaux (de 1115 à 1229), on venait d'achever le sanctuaire et le chœur de notre magnifique Basilique ; mais les corps des SS. Quentin, Victorice et Cassien étaient encore renfermés en leurs tombeaux, dans la crypte de Fulrad.

« Le chapitre de la Collégiale résolut de transférer les corps saints dans des châsses qui seraient placées dans l'édicule établi derrière le maître-autel. Cette translation eut lieu cette même année 1229. Les châsses où les corps saints furent placés étaient couvertes d'or, d'argent et de pierreries. Elles étaient dues aux libéralités de saint Louis, roi de France, et du sire de Coucy, Enguerrand III.

« Cependant, on ne plaça pas de suite les châsses dans l'édicule du maître-autel. Le chapitre voulait préparer une grande fête et s'assurer de la présence du roi et des seigneurs de la cour.

Cette fête eut lieu le 2 septembre 1257. Le roi, ses deux augustes fils, les principaux seigneurs de la cour y assistèrent. L'Archevêque de Reims, Thomas de Beaumetz, y présidait, accompagné des huit prélats, ses suffragants : Ytier de Laon, Pierre de Châlons, Vermond de Noyon, Gérard d'Amiens, Guillaume de Beauvais, Jacques d'Arras, Gauthier de Tournai et Raoul de Thérouanne.

« Une infinité de personnes illustres de la province y assistaient aussi. On transporta les trois corps des glorieux patrons, de la vieille église dans le chœur de la nouvelle, et on éleva ces précieuses reliques sur les petites colonnes où elles sont encore aujourd'hui... Le pape Alexandre IV accorda une indulgence plénière *à perpétuité*, et une fête fut instituée sous le titre d'*Élévation* des corps des SS. Quentin, Victorice et Cassien. »

Comme autrefois, les deux cérémonies furent séparées. Le jeudi, 23 octobre, Mgr l'Évêque de Soissons, assisté de ses vicaires généraux, fit lui-même la translation des chefs vénérables de saint Quentin, saint Victorice et saint Cassien, dans les châsses nouvelles qui devaient être placées au centre de l'édicule du maître-autel. Sa Grandeur était au milieu du chœur, entourée de plus de cent prêtres de son diocèse et des diocèses voisins.

La foule émue contemplait ce spectacle imposant, dont le R. P. Letierce, de la Société de Jésus, prédicateur de la neuvaine, se plut à lui faire bien comprendre, dans un discours parfaitement approprié à la circonstance, toute la grandeur et toute la portée. Puis, après la procession, les châsses furent déposées à l'entrée du chœur, là où les corps saints avaient été placés autrefois, en attendant leur élévation solennelle.

Enfin, le dimanche 28, eut lieu la troisième cérémonie, c'est-à-dire l'élévation des saintes reliques dans l'édicule du maître-autel.

Son Exc. Mgr Langénieux, archevêque de Reims, officiait. En face de lui, dans le sanctuaire, avaient pris place Mgr Thibaudier, évêque du diocèse, Mgr Meignan, évêque de Châlons, Mgr Lequette, évêque d'Arras, Mgr Blanger, évêque de la Basse-Terre (Guadeloupe), Mgr Lehardy du Marais, évêque de Laval. Un grand nombre de prêtres formaient, autour des évêques, une imposante et magnifique couronne, et les flots pressés des fidèles remplissaient l'édifice à un tel point, que les prélats et leur cortège ne purent se rendre qu'à grande peine au banc-d'œuvre, pour entendre l'allocution de Mgr l'Évêque de Soissons et le discours du R. P. Letierce. Mgr Thibaudier, dans un langage délicat et élevé, se plut à remercier ses très-dignes et très-vénérés collègues, de l'auguste concours qu'ils étaient venus prêter à cette solennité, et le R. P. Letierce parla, en termes très-émouvants, des splendeurs du culte de saint Quentin, de sa gloire à travers les siècles et de la gloire dont Dieu le couronne dans les cieux. Puis, Mgr l'Archevêque de Reims, ne pouvant contenir la vive et profonde émotion dont il était rempli, laissa déborder de son cœur, dans un éloquent et admirable langage, toute la joie et toutes les consolations qu'il éprouvait, en voyant cette admirable vitalité de l'Église catholique, qui engendre, après dix-huit siècles, des prodiges toujours nouveaux, qui réveille la foi dans les âmes et suscite de ces manifestations qui secouent et remuent même les plus indifférents.

L'émotion des fidèles était à son comble quand, après la bénédiction des évêques, le *Credo* fut chanté par les six mille voix de l'assistance, prise, dès les premières paroles du vieux symbole, d'un admirable et sublime enthousiasme. En même temps avait lieu la procession des saintes reliques qui bientôt furent *élevées* dans l'édicule et déposées sur les *petites colonnes* qui leur avaient été préparées.

Ne pouvons-nous ajouter qu'à leur retour au presbytère, nos très-vénérés prélats furent acclamés par la foule, et qu'à peine pouvaient-ils avancer, tant était grand le nombre de ceux qui se pressaient pour recevoir leur bénédiction.

Que sera le pèlerinage de l'année 1878 ? Nous aimons à penser qu'il ne le cédera pas en splendeur aux pèlerinages précédents. Déjà, tout se prépare pour les fêtes qui devront avoir lieu. Plusieurs prélats, sur l'invitation que leur a faite Mgr Thibaudier, évêque de Soissons, se proposent d'honorer nos solennités de leur auguste et très-vénérable présence.

Dieu daigne réveiller parmi nous la foi des anciens jours ! Au milieu des incertitudes et des anxiétés de l'heure présente, sa voix puissante remue les foules, suscitant leur confiance; et le torrent de la prière se porte encore, comme autrefois, vers les lieux élus, où les âmes espèrent recueillir la grâce et la bénédiction.

Louanges en soient rendues à Dieu, et honneur à son grand et puissant Martyr, saint Quentin !

CHAPITRE TROISIÈME

OFFICES DU PÈLERINAGE. — INDULGENCES ATTACHÉES
A LA BASILIQUE DE SAINT-QUENTIN.

I

OFFICE

DE

SAINT QUENTIN, MARTYR

Au Commun d'un Martyr, excepté ce qui suit :

AUX VÊPRES

HYMNE

CIVEM Roma suum jam sibi vindicet,
Clarum patriciis dicat honoribus;
Quintinum repetit, jure vocat suum.
Felix Gallia Martyrem.
    Lecta cum juvenum venerat huc manu;
Deserta patria, ceu tot Apostoli,
Cæsis in stygia nocte jacentibus
Portant lumina Galliis.
    Illis ludus erant propositæ neces;
Audebant vel oves credere se lupis;
Omnes unanima terribiles fide,
Christo sub duce militant.

Urbes per medias sævit ubi furor,
Ardent ire; novos ipsa pericula
Ollis dant animos; quis teneat duces
Vitam fundere prodigos ?
    Quintinus socios fervidus emicat.
Inter : Christiferi dux erat agminis.
Vertunt, ædificant, et bona semina
Spargunt et simul irrigant.
    Patri maxima laus, maxima Filio
Amborum tibi par laus quoque Spiritus;
Præsens Martyribus, qui velut ebriis
Christi sanguine das mori. Amen.

R. Fortitudo mea et laus mea Dominus.

V. Et factus est mihi in salutem.

R. Le Seigneur est ma force et le sujet de mes louanges.

V. C'est en lui que j'ai trouvé mon salut.

L'oraison de la Messe.

A LA MESSE

INTROÏT

Fortitudo mea et laus mea Dominus, et factus est mihi in salutem : vox exultationis et salutis in tabernaculis justorum. *Ps.* Confitemini Domino, quoniàm bonus,*Quoniàm in sæculum misericordia ejus. Gloria. Fortitudo.

Le Seigneur est ma force et ma gloire, il est devenu mon Sauveur. Des cris de joie et de victoire retentissent dans la tente des Justes. *Ps.* Rendez gloire au Seigneur, parce qu'il est bon, parce que sa miséricorde est éternelle. Gloire. Le Seigneur.

OREMUS.

Deus, qui nos, beati Quintini Martyris tui ministerio, Ecclesiæ tuæ filiis aggregasti : concede, quæsumus, ejus meritis et precibus, ut fidem quam nobis annuntiavit piis operibus profitentes, cœlestis etiàm gloriæ, quam tormentis pro confessione tui nominis hodiernâ die promeruit, facias nos et participes. Per Dominum.

PRIONS.

O Dieu, qui nous avez admis parmi les enfants de votre Église, par le ministère de votre bienheureux martyr saint Quentin, faites, nous vous en conjurons, que, par ses mérites et ses prières, nous prouvions, par nos œuvres et par notre piété, notre attachement à la foi qu'il nous a prêchée, et que nous méritions d'être reçus dans la gloire céleste dont il s'est montré digne en souffrant aujourd'hui d'affreux supplices pour confesser votre nom. Par J.-C.

Lectio Epistolæ beati Pauli Apostoli ad Timotheum, 2. C. 2.

Fili mi, confortare in gratiâ quæ est in Christo Jesu. Memor esto Dominum Jesum Christum resurrexisse à mortuis ex semine David secundùm Evangelium meum : in quo laboro usquè ad vincula, quasi malè operans : sed verbum Dei non est alligatum. Ideò omnia sustineo propter electos : ut et ipsi salutem consequantur quæ est in Christo Jesu, cum gloriâ cœlesti. Fidelis sermo : nàm si commortui sumus. et convivemus ; si sustinebimus,

Lecture de l'Épître de l'Apôtre saint Paul à Timothée.

Mon fils, fortifiez-vous dans la grâce qui est en Jésus-Christ. Souvenez-vous que Notre-Seigneur Jésus-Christ, qui est de la race de David, est ressuscité selon l'Évangile que je prêche, et pour lequel je souffre jusqu'à être dans les chaînes comme un criminel : mais la parole de Dieu n'est point enchaînée. C'est pourquoi je souffre tout pour l'amour des élus, afin qu'ils acquièrent aussi bien que nous le salut qui est en Jésus-Christ et la gloire du ciel. C'est

et conregnabimus. Si negaverimus, et ille negabit nos : si non credimus, illè fidelis permanet, negare seipsum non potest. Hæc commone testificans coràm Domino. Noli contendere verbis : ad nihil enim utile est, nisi ad subversionem audientium. Sollicite cura teipsum probabilem exhibere Deo, operarium inconfusibilem, rectè tractantem verbum veritatis. Profana autem et vaniloquia devita : multùm enim proficiunt ad impietatem : et sermo corum ut cancer serpit.

une vérité très-certaine, que si nous mourons avec Jésus-Christ, nous vivrons aussi avec lui. Et que si nous souffrons avec lui, nous régnerons aussi avec lui. Si nous le renonçons, il nous renoncera aussi. Si nous lui sommes infidèles, il demeurera fidèle, car il ne peut pas être contraire à lui-même. Donnez ces avertissements et prenez-en le Seigneur à témoin. Ne vous livrez point à des disputes de paroles, elles ne servent qu'à pervertir ceux qui les écoutent. Mettez-vous avec grand soin en état de paraître devant Dieu comme un ministre digne de son approbation, qui ne fait rien dont il ait à rougir et qui sait porter la parole de la vérité. Fuyez les discours vains et profanes ; car ils contribuent beaucoup à l'impiété. Et leur doctrine répand partout sa corruption comme la gangrène.

Grad. Insurrexerunt adversùm me, et fortes quæsierunt animam meam, et non proposuerunt Deum antè conspectum suum... Eccè enim Deus adjuvat me, et Dominus susceptor est animæ meæ. Alleluia, alleluia. V. Fuisti, Domine, adjutor meus, et in velamento alarum tuarum exultabo ; adhæsit anima mea post te, me suscepit dextera tua. Alleluia.

Sequentia sancti Evangelii secundùm Matthæum. C. 10.

IN illo tempore, dixit Jesus Discipulis suis : Nolite timere eos qui occidunt corpus, animam autem non possunt occidere : sed potiùs timete eum qui potest et animam et corpus perdere in gehennam. Nonnè duo passeres asse veneunt, et unus ex illis non cadet super terram sine Patre vestro ? Vestri autem capilli capitis omnes numerati sunt. Nolite ergò timere : multis passeribus meliores estis vos. Omnis ergo qui confitebitur me coràm hominibus,

Suite du saint Évangile selon saint Matthieu.

EN ce temps-là, Jésus dit à ses Disciples : Ne craignez point ceux qui tuent le corps, et ne peuvent tuer l'âme ; mais plutôt craignez celui qui peut précipiter l'âme et le corps dans l'enfer. Deux passereaux ne se vendent-ils pas une obole ? et l'un d'eux ne tombera pas sur la terre sans la volonté de votre Père. Tous les cheveux de votre tête sont comptés. Ne craignez donc point, vous valez plus que beaucoup de passereaux. Quiconque donc me confessera

confitebor et ego eum coràm Patre meo qui in cœlis est. Qui autem negaverit me coràm hominibus, negabo et ego eum coràm Patre meo qui in cœlis est.

devant les hommes, moi aussi je le confesserai devant mon Père qui est dans les cieux; et celui qui me renoncera devant les hommes, je le renoncerai devant mon Père, qui est dans les cieux.

Offert. Introibo in domum tuam in holocaustis, Domine; reddam tibi vota mea, quæ distinxerunt labia mea, et locutum est os meum in tribulatione meâ.

Secrète. Recevez favorablement, Seigneur, l'auguste sacrifice de votre Fils unique offert à Votre Majesté, et rendez-nous-le salutaire, par la précieuse intercession de saint Quentin, qui, par son glorieux martyre, a suppléé en notre faveur à ce qui pourrait manquer aux souffrances de Jésus-Christ.

Comm. Si dicebam : Motus est pes meus; misericordia tua, Domine, adjuvabat me; secundùm multitudinem dolorum meorum in corde meo, consolationes tuæ lætificaverunt animam meam.

Postcom. Faites, Seigneur, que ceux que votre bienheureux martyr saint Quentin a amenés à la connaissance de votre nom par la vertu de ses prédications, et qu'il a confirmés dans la foi par son courage invincible dans ses souffrances que nous honorons aujourd'hui, deviennent, par la réception de votre auguste Sacrement, de plus en plus ardents à vous aimer et à vous servir.

LITANIES DE LA TRÈS-SAINTE VIERGE

AVEC INVOCATION A SAINT QUENTIN (1)

Kyrie eleison (*bis*).
Christe eleison (*bis*)
Kyrie eleison,
Christe eleison.
Christe audi nos,
Christe exaudi nos.

Pater de cœlis, Deus,
Fili redemptor mundi Deus,
Spiritus sancte, Deus,
Sancta Trinitas, unus Deus,
  Miserere nobis (*ter*).
Sancta Maria, ora pro nobis.

(1) Cette forme de Litanies est en usage dans plusieurs pèlerinages fameux, entre autres dans les offices du pèlerinage du Mont-Saint-Michel. Ces litanies se chantent pendant les processions.

Sancta Maria,
Sancta Dei Genitrix,
Sancta Virgo Virginum,
Mater Christi, *ora pro nobis* (ter).
Sancte Quintine, ora pro nobis.

Mater Divinæ gratiæ,
Mater purissima,
Mater castissima,
Mater inviolata, *ora pro nobis* (ter).
Sancte Quintine, etc.

Mater intemerata,
Mater amabilis,
Mater admirabilis,
Mater Creatoris, *ora pro nobis* (ter).
Sancte Quintine, etc.

Mater Salvatoris,
Virgo prudentissima,
Virgo veneranda,
Virgo prædicanda, *ora pro nobis* (ter).
Sancte Quintine, etc.

Virgo Potens,
Virgo Clemens,
Virgo Fidelis,
Speculum justitiæ, *ora pro nobis* (ter).
Sancte Quintine, etc.

Sedes sapientiæ,
Causa nostræ lætitiæ,
Vas spirituale,
Vas honorabile, *ora pro nobis* (ter).
Sancte Quintine, etc.

Vas insigne devotionis,
Rosa mystica,
Turris Davidica,
Turris eburnea, *ora pro nobis* (ter).
Sancte Quintine, etc.

Domus aurea,
Fœderis arca,
Janua cœli,
Stella matutina, *ora pro nobis* (ter).
Sancte Quintine, etc.

Salus infirmorum,
Refugium peccatorum,
Refugium peccatorum,
Refugium peccatorum, *ora pro nobis* (ter).
Sancte Quintine, etc.

Consolatrix afflictorum,
Auxilium Christianorum,
Regina Angelorum,
Regina Patriarcharum, *ora pro nobis* (ter).
Sancte Quintine, etc.

Regina Prophetarum,
Regina Apostolorum,
Regina Martyrum,
Regina Confessorum, *ora pro nobis* (ter).
Sancte Quintine, etc.

Regina Virginum,
Regina Sanctorum omnium,
Regina sine labe originali concepta, *ora pro nobis* (ter).
Sancte Quintine, ora pro nobis.

Agnus Dei,
Qui tollis peccata mundi,
Parce nobis, Domine,
Parce nobis, Domine,
Parce nobis (*ter*).

Agnus Dei qui tollis peccata mundi, exaudi nos, Domine.

Agnus Dei
Qui tollis peccata mundi,
Miserere nobis,
Miserere nobis,
Miserere, Miserere, Miserere nobis.

ANTIENNE
DE SAINT QUENTIN.

Egregie Christi martyr, Quintine, suscipe preces nostras, precare Dominum, pro necessitatibus famulorum, quos nimium comprimunt vincula delictorum.

CANTIQUE
EN L'HONNEUR DE SAINT QUENTIN

REFRAIN.

Chef sacré du héros, qu'en ce temple on révère,
Dépouille précieuse, à nos aïeux si chère,
Salut, salut, glorieux souvenirs (*bis*).
Grand Apôtre, ta cendre ici redit encore :
Vive le Christ Sauveur, gloire au Dieu que j'adore !
Gloire au Roi (*bis*), gloire au Roi des martyrs !

1er COUPLET.

Tu vins, le cœur ému de compassion sainte,
Chez nos aïeux, assis à l'ombre de la mort.
Du sang que tu versas, la terre est toujours teinte ;
La moisson du bon grain partout jaunit encor.
Refrain : Chef sacré, etc.

2e COUPLET.

Tu souffris, mais, au ciel, l'auréole de gloire
Resplendit pour jamais sur ton front glorieux,
Et ce temple sacré célèbre ta victoire ;
Que ton ombre sur nous plane du haut des cieux !
Refrain : Chef sacré, etc.

3e COUPLET.

Bien des cœurs autrefois, blessés par la souffrance,
Accouraient, pour guérir, prier à ce tombeau.
Combien d'âmes, sans Dieu, souffrent de cette absence,
De leur foi qui s'éteint rallume le flambeau.
Refrain : Chef sacré, etc.

4e COUPLET.

Que nos pères aimaient à fêter ta mémoire,
Prélats, peuples et rois t'imploraient à genoux.
D'un passé glorieux fais revivre l'histoire ;
Daigne exaucer nos vœux pour la France et pour nous.
Refrain : Chef sacré, etc.

AUTRE CANTIQUE

REFRAIN.

Le chœur des martyrs vous appelle,
O saint Quentin, montez aux cieux.
A vous la couronne immortelle
Pour tant de combats glorieux.

Brise tes idoles d'argile,
Et pour la foi de l'Évangile
Abjure tes vieilles erreurs ;
Noble cité, chante la gloire
Du conquérant, dont la victoire
A renversé tes dieux menteurs.

Vainement Varus, dans sa rage,
Lui crie, insultant son courage,
« Sers nos dieux ou tu vas périr. »
— « Oui : Que le glaive me délivre !
Pour nous, chrétiens, mourir c'est
[vivre ;
La mort, la mort! c'est mon désir. »

« Mais, perfide, où sont donc tes
[armes ?
Pourquoi me promettre les charmes
De vains honneurs, de faux plaisirs?
Garde tes biens, la Foi m'éclaire.
Je n'attends rien de ta colère,
Sinon la palme des martyrs. »

Ongles de fer, torches ardentes,
Chevalets, et verges sanglantes,
Quentin vous sourit de bonheur.
Jésus lui dit : « Ferme espérance!
Oui, tu vaincras par la souffrance,
Je suis ton Dieu, ton défenseur. »

Grand Dieu! quels combats! quel
[martyre !
On meurtrit, on brûle, on déchire,
Du Christ, le soldat généreux.
Rougis, tyran, de ta défaite ;
Par sa mort, il fait la conquête
D'un trône immortel dans les cieux.

Les anges chantent votre gloire;
Jouissez de votre victoire ;
Mais, de la terre des vivants,
Ranimez la foi de nos pères,
Priez pour nous et pour nos frères,
Pour nous, qui sommes vos enfants.

LITANIES DE SAINT QUENTIN

Seigneur, ayez pitié de nous.
Jésus-Christ, ayez pitié de nous.
Seigneur, ayez pitié de nous.
Jésus-Christ, écoutez-nous.
Jésus-Christ, exaucez-nous.

Dieu le Père, du haut des Cieux, ayez pitié de nous.

Dieu le Fils, Rédempteur du monde, ayez pitié de nous.

Dieu le Saint-Esprit, ayez pitié de nous.

Trinité Sainte, qui êtes un seul Dieu, ayez pitié de nous.

Sainte Marie, Mère de Dieu, et toujours Vierge, priez pour nous.

Saint Quentin, Apôtre, Martyr et Patron du Vermandois, priez pour nous.

Vous qui, par la grâce de Dieu, avez eu le bonheur de connaître, au lieu des ténèbres de l'idolâtrie, l'admirable lumière de l'Évangile, Saint Quentin, priez pour nous.

Vous qui avez eu le courage de renoncer aux richesses, aux grandeurs et aux plaisirs du monde, pour embrasser la pauvreté, les humiliations et les souffrances de Jésus-Christ, Saint Quentin, priez pour nous.

Vous qui n'avez jamais rougi de l'Évangile, mais qui vous êtes toujours fait gloire de vous montrer ouvertement chrétien, au milieu même d'un peuple idolâtre, Saint Quentin, priez pour nous.

Vous qui, après avoir reçu votre mission du Souverain-Pontife, êtes venu de Rome dans les Gaules, à la tête de onze apôtres comme vous, annoncer à nos pères la bonne nouvelle du salut, Saint Quentin, priez pour nous.

Vous qui avez prêché Jésus-Christ, et qui avez augmenté dans les âmes l'inestimable trésor de la foi, de la connaissance et de l'amour du vrai Dieu, Saint Quentin, priez pour nous.

Vous qui attiriez sans cesse la bénédiction de Dieu sur votre apostolat, par la prière, les jeûnes, les veilles et la pratique de toutes les vertus, Saint Quentin, priez pour nous.

Vous dont la mission fut autorisée de Dieu par un grand

nombre de miracles, et qui, par le signe de la croix, rendiez la vue aux paralytiques, Saint Quentin, priez pour nous.

Vous qui, devant les tribunaux, avez confessé hautement le nom de Jésus-Christ, et que ni les promesses, ni les menaces, ni les supplices les plus cruels, n'ont jamais pu vaincre ni ébranler, Saint Quentin, priez pour nous.

Vous qui, sous l'inspiration de l'Esprit-Saint, avez confondu l'impiété du cruel et perfide Rictiovare, par la sagesse et la force de vos réponses, Saint Quentin, priez pour nous.

Vous qui, dans votre prison, avez été visité par un ange du Seigneur, et qui, conduit invisiblement par lui jusqu'au milieu de la ville, pour y annoncer Jésus-Christ, avez eu le bonheur d'y convertir vos gardes eux-mêmes, et avec eux, plus de six cents idolâtres, Saint Quentin, priez pour nous.

Vous qui encouragiez le peuple dans la foi en Notre-Seigneur Jésus-Christ, en lui disant « que Dieu n'abandonne jamais ceux qui mettent en lui leur espoir, mais qu'il les délivre tôt ou tard de leurs tribulations, » Saint Quentin, priez pour nous.

Vous que l'amour de Dieu rendit plus fort que les chevalets, les torches ardentes et les pointes de fer, et qui surabondiez de joie au milieu des plus affreuses tortures, Saint Quentin, priez pour nous.

Vous qui avez entendu de la bouche de Notre-Seigneur Jésus-Christ ces consolantes paroles : « Courage et constance, Quentin, mon serviteur! je suis moi-même avec toi, » Saint Quentin, priez pour nous.

Vous qui, après avoir arrosé la Capitale du Vermandois de vos sueurs et de votre sang, l'avez honorée de votre glorieux nom, et enrichie de vos précieuses Reliques, que l'on y vénère encore aujourd'hui avec tant d'amour, Saint Quentin, priez pour nous.

Vous dont l'âme pure s'échappa de votre corps sous la forme d'une blanche colombe, tandis qu'une voix du Ciel disait : « Quentin, mon serviteur, viens et reçois la couronne que je t'ai préparée, » Saint Quentin, priez pour nous.

Vous qui, par votre sanglante et glorieuse victoire sur l'enfer, avez mérité de vous asseoir avec Jésus-Christ sur son trône immortel, Saint Quentin, priez pour nous.

Vous dont le corps jeté au fond de la Somme, et chargé de plomb et de vase, s'y conserva néanmoins sans corruption durant plus de cinquante ans, jusqu'à ce qu'il fut miraculeusement découvert par sainte Eusébie, et inhumé par elle avec honneur au sommet de la colline, Saint Quentin, priez pour nous.

Vous dont le sépulcre, depuis longtemps enfoui et ignoré, par suite des invasions barbares, fut enfin révélé d'en-Haut à saint Eloi, et bientôt manifesté à tout le peuple par une lumière miraculeuse, qui changea tout d'un coup la nuit en un jour éclatant, Saint Quentin, priez pour nous.

Vous dont le tombeau n'a cessé jusqu'à nos jours d'être visité par la piété des fidèles, et glorifié par une multitude de grâces et de guérisons miraculeuses, Saint Quentin, priez pour nous.

Vous qui, du haut du Ciel, voyez les nombreux et inévitables périls, auxquels sont exposées parmi nous, la foi et la pureté des mœurs, Saint Quentin, priez pour nous.

Vous que de nombreuses églises ont choisi pour patron, et dont même tant de villes et de bourgades s'honorent de porter le nom, Saint Quentin, priez pour nous.

Vous qu'on n'a jamais invoqué en vain, qui, si souvent, nous avez fait sentir votre paternelle protection, et dont nous ne pourrions, sans ingratitude, méconnaître les signalés bienfaits, Saint Quentin, priez pour nous.

Pendant toute notre vie, et surtout à l'heure de notre mort, Saint Quentin, priez pour nous.

Avec tous les saints Compagnons de votre apostolat sur la terre, comme de votre gloire dans le Ciel,

Saint Quentin, priez pour nous.

Agneau de Dieu, qui effacez les péchés du monde, pardonnez-nous, Seigneur.

Agneau de Dieu, qui effacez les péchés du monde, exaucez-nous, Seigneur.

Agneau de Dieu, qui effacez les péchés du monde, ayez pitié de nous.

℣ Glorieux martyr, Saint Quentin, priez pour nous.

℟ Afin que nous devenions dignes des promesses de Jésus-Christ.

PRIÈRE

O Dieu de toute-puissance et de toute miséricorde, quoique indignes de vos grâces, à cause de nos innombrables péchés, dont les durs liens nous enchaînent et nous accablent, nous venons avec pleine confiance implorer votre inépuisable bonté, par les mérites de Jésus-Christ, notre Sauveur, et par l'intercession de votre illustre martyr, saint Quentin, notre Apôtre et notre Père dans la foi. Daignez exaucer les vœux qu'il vous adresse pour les besoins de ses enfants, et faites que, toujours vainqueurs des ennemis de notre salut, et inébranlables dans notre foi, nous ne nous séparions jamais de votre saint amour.

Ainsi soit-il.

II

INDULGENCES

ATTACHÉES A LA BASILIQUE DE SAINT-QUENTIN

par suite de son affiliation

à la Basilique majeure de Saint-Jean de Latran

OU PAR SUITE DE CONCESSIONS PARTICULIÈRES

INDULGENCES PLÉNIÈRES

1° PAR SUITE DE L'AFFILIATION A SAINT-JEAN DE LATRAN

Les jours de :

L'Ascension de Notre Seigneur Jésus-Christ ;
La Nativité de saint Jean-Baptiste ;
La fête des saints apôtres Pierre et Paul ;
La fête de saint Jean l'Évangéliste ;
La fête de la dédicace de la Basilique de Saint-Jean de Latran (9 *novembre*) ;
Le Jeudi-Saint *(Station)*.

2° CONCESSIONS PARTICULIÈRES

INDULGENCES PLÉNIÈRES

1° *A chacune des fêtes :*

Du Martyre de saint Quentin (31 *octobre*) ;
De l'Invention de saint Quentin par saint Éloi (3 *janvier*) ;
De l'Élévation de saint Quentin (2 *mai*) ; ou à l'un des jours de l'octave de ces fêtes. (*Bref du* 15 *décembre* 1845.)

2° *A l'un des jours de la*

Neuvaine de saint Quentin, du 21 au 31 octobre.
(*Bref du* 27 *février* 1877.)

3° Le 2 août :

Indulgence de la Portioncule, *toties quoties*.

INDULGENCES PARTIELLES.

1° PAR SUITE DE L'AFFILIATION A SAINT-JEAN DE LATRAN.

Les jours de fête des Apôtres :

Saint André, saint Jacques, saint Thomas, saint Philippe et saint Jacques, saint Barthélemy, saint Matthieu, saint Simon et saint Jude, saint Matthias : *sept ans et sept quarantaines* (confession de la quinzaine).

A chacun des jours de l'Avent et du Carême :
Quatre ans et quatre quarantaines.

Chaque jour de l'année : *cent Jours.*

Et à chaque jour désigné pour la station à Saint-Jean de Latran, savoir : Le premier dimanche de carême : *dix ans et dix quarantaines ;* le Dimanche des Rameaux : *Vingt-cinq ans et vingt-cinq quarantaines;* le Samedi-Saint, le samedi après Pâques, le 3e jour des Rogations : *trente ans et trente quarantaines.* La veille de la Pentecôte : *dix ans et dix quarantaines.*

2° CONCESSION PARTICULIÈRE

Chaque jour où, visitant la Basilique de Saint-Quentin, on priera dévotement aux intentions du Souverain-Pontife, devant le tombeau ou les reliquaires du saint Martyr : *cinquante jours d'indulgence.* (*Bref du 12 juin 1877.*)

NOTA. — Toutes ces indulgences, reconnues par l'autorité diocésaine, sont applicables aux âmes du purgatoire.

FIN

TABLE DES MATIÈRES

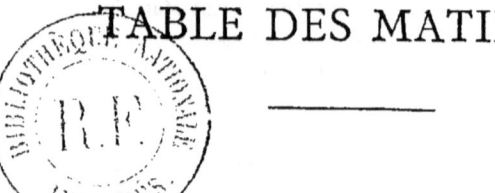

	Pages
PRÉFACE	I-XVI

CHAPITRE PRÉLIMINAIRE

Établissement du christianisme dans les Gaules. Les premières Églises.................................... 1

LIVRE PREMIER

SAINT QUENTIN, SA VIE

CHAPITRE PREMIER. — Saint Quentin. — Noblesse de son origine. Foi chrétienne de ses parents...... 19

CHAPITRE DEUXIÈME. — Adolescence de saint Quentin. — L'éducation chrétienne au IIIe siècle.......... 29

CHAPITRE TROISIÈME. — Vocation de saint Quentin à l'apostolat. Fut-il prêtre ?..................... 49

CHAPITRE QUATRIÈME. — Mission de saint Quentin et de ses compagnons. Prédications de saint Quentin à Amiens............................ 61

CHAPITRE CINQUIÈME. — Persécution de Maximien

TABLE DES MATIÈRES 267

                                                                Pages

et de Dioclétien. — Saint Quentin est mis en prison. — Son premier interrogatoire. — Il est cruellement flagellé............................ 71

CHAPITRE SIXIÈME. — Saint Quentin sort miraculeusement de la prison. — Nouvelles conversions opérées par lui. — Deuxième interrogatoire. — Nouveaux supplices........................ 85

CHAPITRE SEPTIÈME. — Saint Quentin à *Augusta Veromanduorum*. — Dernier interrogatoire. — Autres supplices. — Sa mort....................... 95

CHAPITRE HUITIÈME. — Les Compagnons de saint Quentin. — Leur apostolat et leur mort. — Punition de Rictiovare............................ 111

LIVRE DEUXIÈME

SAINT QUENTIN, SON CULTE

CHAPITRE PREMIER. — Invention miraculeuse du corps de saint Quentin, par sainte Eusébie [358]. — Première église bâtie sur son tombeau........ 125

CHAPITRE DEUXIÈME. — Plusieurs églises se succèdent sur le tombeau de saint Quentin. — Seconde invention de son corps par saint Eloi. [3 janvier 640]............................. 133

CHAPITRE TROISIÈME. — Le Culte de saint Quentin et l'histoire locale........................ 143

CHAPITRE QUATRIÈME. — Du miracle. — Nombreux miracles opérés au tombeau de saint Quentin.... 163

CHAPITRE CINQUIÈME. — Propagation du culte de saint Quentin en France, en Belgique et dans d'autres pays............................ 179

TABLE DES MATIÈRES

LIVRE TROISIÈME

SAINT QUENTIN,
RESTAURATION DE SON PÈLERINAGE

	Pages
CHAPITRE PREMIER. — L'Église Collégiale et le culte de saint Quentin, de 1801 à 1875..............	205
CHAPITRE DEUXIÈME. — Restauration du pèlerinage au tombeau de saint Quentin...................	229
CHAPITRE TROISIÈME. — Offices du pèlerinage. — Indulgences attachées à la Basilique de Saint-Quentin..	253

FIN DE LA TABLE

Saint-Quentin. — Typ. Jules Moureau.

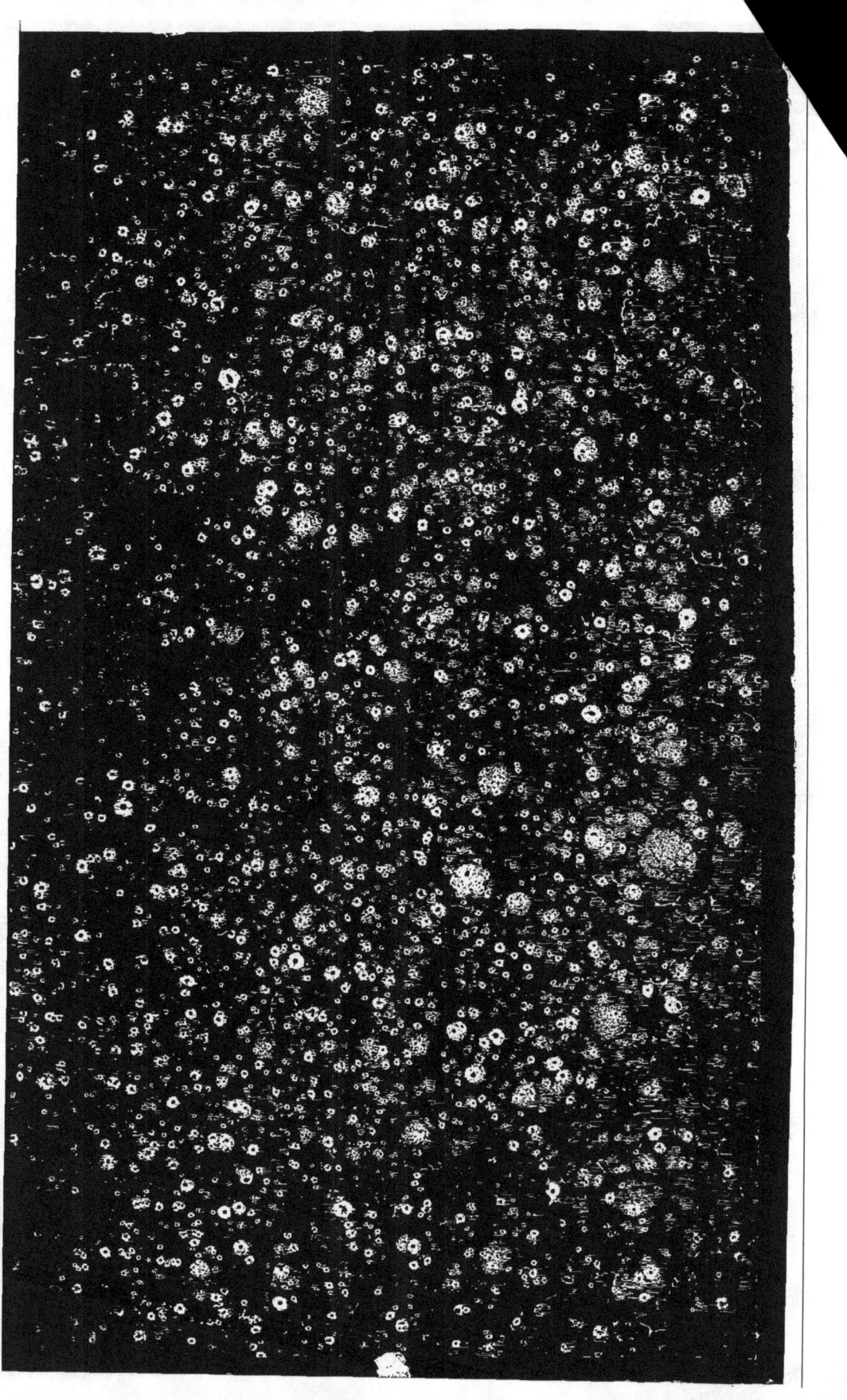

www.ingramcontent.com/pod-product-compliance
Lightning Source LLC
Chambersburg PA
CBHW071344150426
43191CB00007B/839